L'argumentation dans la communication

QUATRIÈME ÉDITION

La Découverte
9 *bis*, rue Abel-Hovelacque
75013 Paris

DU MÊME AUTEUR

Une histoire de l'informatique, La Découverte, Paris, 1987 (édition de poche : Seuil, coll. « Points sciences », Paris, 1990 ; prix 1988 du jury de l'Association française des informaticiens ; traduit en espagnol, grec, italien, portugais).

Les technosciences en question : éléments pour une archéologie du XXe siècle (en collaboration avec Frank Tinland et Alain-Marc Rieu), Champ-Vallon, Seyssel, 1989.

L'explosion de la communication, la naissance d'une nouvelle idéologie (en collaboration avec Serge Proulx), La Découverte, Paris, 1989 (édition de poche : La Découverte/Poche, Paris, 1996 ; traduit en arabe, espagnol, portugais, russe, vietnamien) ; nouvelle édition avec le sous-titre « Introduction aux théories et aux pratiques de la communication », La Découverte, Grands Repères/Manuels, Paris, 2006.

La tribu informatique, Métailié, Paris, 1990 (grand prix de la littérature informatique 1991).

L'utopie de la communication, La Découverte, Paris, 1992 (édition de poche : La Découverte/Poche, Paris, 2004 ; traduit en portugais).

À l'image de l'homme. Du Golem aux créatures virtuelles, Seuil, coll. « Science ouverte », Paris, 1995 (traduit en portugais).

L'argumentation dans la communication, La Découverte, coll. « Repères », Paris, 1996 (traduit en portugais).

La parole manipulée, La Découverte, Paris, 1998 (édition de poche : La Découverte/Poche, Paris, 2004 ; prix de philosophie morale et politique 1998 de l'Académie française des sciences morales et politiques ; traduit en portugais, en hongrois, en serbe).

L'option informatique au lycée (en collaboration avec Éric Heilmann et Guislaine Dufour), Hachette classique, Paris, 1998.

Histoire des théories de l'argumentation (en collaboration avec Gilles Gauthier), La Découverte, coll. « Repères », Paris, 2000.

Le culte de l'Internet. Une menace pour le lien social ?, La Découverte, Paris, 2000 – traduit en coréen, italien, roumain.

Éloge de la parole, La Découverte, Paris, 2003 (édition de poche : La Découverte/Poche, Paris, 2007 ; traduit en italien).

Argumenter en situation difficile, La Découverte, Paris, 2004 ; Pocket, Paris, 2006.

L'incompétence démocratique. La crise de la parole aux sources du malaise (dans la) politique, La Découverte, Paris, 2006.

Convaincre sans manipuler, La Découverte, Paris, 2008.

ISBN : 978-2-7071-4795-0

Introduction

Savoir argumenter n'est pas un luxe, mais une nécessité. Ne pas savoir argumenter n'est-il pas, par ailleurs, une des grandes sources récurrentes d'inégalité culturelle, qui se superpose, en les renforçant, aux traditionnelles inégalités sociales et économiques ? Ne pas savoir rendre la parole pour convaincre n'est-il pas, au bout du compte, une des grandes sources d'exclusion ? Une société qui ne propose pas à tous ses membres les moyens d'être citoyens, c'est-à-dire d'avoir une véritable compétence à prendre la parole, est-elle vraiment démocratique ?

Or toutes les sociétés démocratiques rencontrent le même problème : la difficulté à prendre la parole qu'éprouvent beaucoup de leurs citoyens. Si l'on en croit Christophe André et Patrick Légeron, « la peur de devoir parler en public est sans doute la plus répandue chez nos contemporains » [2000, p. 74]*.

Cette anxiété est souvent en rapport avec la situation d'argumentation, c'est-à-dire celle où l'on doit, précisément, convaincre un auditoire, dans un cadre professionnel, associatif, politique, mais aussi dans un contexte familial ou amical.

L'argumentation appartient en effet à la famille des actions humaines qui ont pour objectif de convaincre. De nombreuses situations de communication ont en effet pour but d'obtenir d'une personne, d'un auditoire, d'un public, qu'ils adoptent tel comportement ou qu'ils partagent telle opinion.

---

* Les références entre crochets renvoient à la bibliographie en fin d'ouvrage.

L'acte de convaincre se présente, d'une manière générale, comme une alternative possible à l'usage de la violence physique. C'est pourquoi il est un élément essentiel de l'espoir de pacification des mœurs qu'implique la démocratie. On peut en effet obtenir d'autrui un acte, en général non souhaité, en usant de la force. Renoncer à utiliser la force représente un pas vers plus d'humanité, vers un lien social partagé et non imposé.

Mais convaincre n'est pas toujours exempt de violence, autre que physique, ou de recours à des moyens coercitifs. La propagande par exemple, largement utilisée tout au long du XXe siècle, s'appuie sur des méthodes systématiques pour contraindre les foules. Ces méthodes exercent une violence mentale indéniable, au point que l'on a parfois utilisé à ce sujet la métaphore qui les assimile à un « viol des foules ». On distinguera donc clairement ici entre *argumenter* et *manipuler*, qui sont deux faces antagonistes du convaincre.

Convaincre

Convaincre est l'une des modalités essentielles de la communication, suivant que l'intention est d'exprimer un sentiment, un état, un regard singulier sur le monde ou sur soi, ou d'informer, c'est-à-dire de décrire le plus objectivement possible une situation, ou encore de convaincre, c'est-à-dire de proposer à un auditoire de bonnes raisons d'adhérer à une opinion. Exprimer, informer, convaincre : ces trois registres ne se confondent pas, même si, du fait de la richesse de la parole humaine, leurs frontières ne sont pas toujours aussi précises que le voudrait la théorie.

Les moyens utilisés pour convaincre sont extrêmement variés. Ils mettent en jeu des procédures complexes qui empruntent à toute la richesse des comportements humains. Le but de ce livre est d'introduire le lecteur à l'un de ces moyens : l'argumentation, dont la spécificité est de mettre en œuvre un raisonnement dans une situation de communication.

La définition de l'argumentation qui a été retenue ici place son étude radicalement dans le champ de ce qu'on appelle depuis peu les « sciences de la communication ». Ce domaine se préoccupe de tout ce qui concerne la mise en forme et le transport des messages, aussi bien que de la signification sociale de tels processus [voir notamment Miège, 1995, et Breton et Proulx, 2006].

Figure 1. — **Les différents registres de la communication**

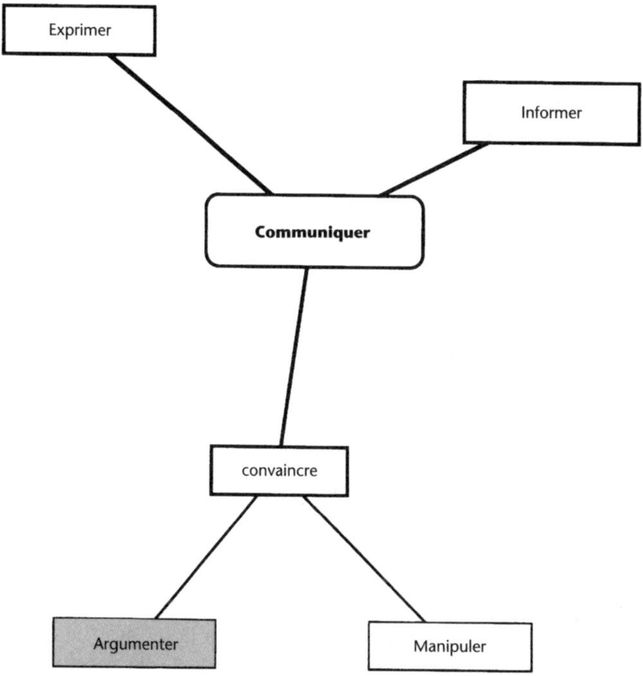

Retenons immédiatement que l'argumentation implique un émetteur — on l'appelle ici d'un terme général : l'orateur —, un message, constitué par l'opinion mise en forme en vue de convaincre, et un récepteur, l'autre, le public — appelé ici le plus souvent : l'auditoire (pour tous les termes techniques, on pourra se reporter au lexique qui figure à la fin de cet ouvrage). Argumenter s'inscrit donc bien dans le triangle traditionnel

« émetteur-message-récepteur » qu'étudient, sous toutes ses formes, les sciences de la communication.

Bien que de nombreux travaux aient été consacrés depuis l'Antiquité aux mécanismes argumentatifs, il est relativement moderne de les considérer comme relevant d'une analyse en termes communicationnels [Breton et Gauthier, 2000]. Le savoir dans ce domaine reste donc encore largement à construire, non pas sur les ruines du passé, mais à partir d'un nouveau regard.

Discrédit de la rhétorique et renouveau de l'argumentation

La rhétorique, comme matière d'enseignement et même comme corps de savoir, a disparu, dès la fin du XIXe siècle, des programmes scolaires et universitaires. Jusque-là, rappelle Antoine Compagnon, « le professeur de rhétorique avait la haute main sur le lycée : il initiait à l'art suprême du discours » [1983, p. 41]. Le nom de « rhétorique » disparaît officiellement, en France, en 1902, la « classe de rhétorique » change d'appellation, la matière est remplacée par l'histoire littéraire, la « dissertation » remplace les exercices de discours.

Comment expliquer ce déclin et l'évolution vers une quasi-clandestinité, jusqu'à ce que les programmes scolaires redécouvrent récemment l'importance de l'argumentation, non seulement dans les Lettres mais dans les matières économiques et sociales ?

Il semble que celui-ci commence bien avant le XIXe siècle. Pour Roland Barthes, « ce discrédit est amené par la promotion d'une valeur nouvelle, l'évidence (des faits, des idées, des sentiments) qui se suffit à elle-même et se passe du langage (ou croit s'en passer), ou du moins prétend seulement s'en servir comme d'un instrument, d'une médiation, d'une expression. Cette « évidence » prend, à partir du XVIe siècle, trois directions : une évidence personnelle (dans le protestantisme), une évidence rationnelle (dans le cartésianisme), une évidence sensible (dans l'empirisme) » [1970, p. 192]. La rhétorique n'est plus qu'une « couleur », un « ornement » et non un instrument de raisonnement pour convaincre.

Comme Barthes, Olivier Reboul [1991] et surtout Chaïm Perelman [1970] voient dans le cartésianisme et dans son rejet du « vraisemblable » la source de la difficulté pour la rhétorique à garder une place centrale dans les systèmes de pensée modernes. D'une façon plus générale, on pourrait décrire cette période comme celle d'un affrontement entre une « culture de l'évidence », qui profite des avancées du scientisme et du positivisme, et une « culture de l'argumentation », qui voit son renouveau freiné par un discrédit qui, finalement, ne la concerne pas, puisqu'il n'implique que l'aspect « esthétique » du discours [Breton et Proulx, 2006].

Il faut attendre les années 1960 pour voir renaître un intérêt pour la rhétorique. L'époque est à la fois celle où l'on commence, après coup, à prendre conscience de l'importance et de la puissance des techniques d'influence et de persuasion mises au point tout au long du siècle, et celle où la publicité commence à envahir avec force le paysage social et culturel.

Autour de Roland Barthes, un groupe de chercheurs se lance dans les « recherches rhétoriques » [1970] : « S'occuper de rhétorique ne peut déjà plus passer en France ni pour un anachronisme ni pour un défi d'avant-garde. Le terme même est en train de perdre les connotations peu flatteuses qui, depuis plus d'un siècle, lui étaient attachées. Nous apprenons que la rhétorique n'est pas un ornement du discours, mais une dimension essentielle à tout acte de signification » [article signé C. B., 1970, p. 1]. Ces chercheurs se concentrent néanmoins autour d'un aspect restreint, voire extérieur à l'argumentation proprement dite : la théorie des figures. Pour eux, la rhétorique est un élément de la nouvelle sémiotique (étude des signes dans la vie sociale) dont ils sont, pour un temps, les promoteurs.

À cette époque, on redécouvre également l'importance, oubliée, de la rhétorique dans l'histoire des idées et de la culture [Robrieux, 1993 ; Meyer, 1993]. L'important travail de Marc Fumaroli permet de mettre en évidence le rôle pour le moins central de la rhétorique dans la culture de l'âge classique [1994].

La nouvelle rhétorique

Dans la même période, un juriste, philosophe du droit, entreprend d'assumer et de faire fructifier l'héritage : Chaïm Perelman met en chantier la « nouvelle rhétorique ». Son ouvrage majeur, le *Traité de l'argumentation*, écrit en collaboration avec L. Olbrechts-Tyteca, marque un tournant dans le domaine. Son projet est de rompre « avec une conception de la raison et du raisonnement issue de Descartes » [1970, p. 1].

Dans ce sens, il renoue avec la dichotomie d'Aristote, pour qui certaines discussions relevaient de la science et d'autres de la rhétorique. Pour Perelman, un raisonnement peut convaincre sans être calculé, il peut être rigoureux sans être « scientifique ». Il définit donc l'argumentation comme l'« étude des techniques discursives permettant de provoquer ou d'accroître l'adhésion des esprits aux thèses qu'on présente à leur assentiment » [1970, p. 5]. On doit à Perelman un véritable renouveau de l'intérêt pour l'argumentation.

L'étude de l'argumentation, comme partie de l'ancienne « rhétorique », a longtemps été mise en œuvre, d'une part par les philosophes, d'autre part par les spécialistes littéraires du langage. Les philosophes ont toujours eu une attitude ambiguë à l'égard de l'argumentation. L'argumentation, se demandent-ils traditionnellement, renferme-t-elle des procédures qui permettent d'atteindre la vérité ou de prouver la fausseté ? Son rejet, notamment par Descartes et toute une tradition rationaliste qui s'en inspire, vient de la réponse négative à cette question.

Dans une perspective communicationnelle, on restera indifférent à cette question : peu importe que ce qui est mis en message soit vrai ou faux, puisque, plus fondamentalement, on considérera que ce sont le plus souvent des opinions qu'on argumente que des vérités ou des erreurs. Ces dernières sont laissées aux sciences qui ont de bien meilleurs moyens de les établir. L'autonomie de l'argumentation est fondée sur une partition entre, d'une part, les opinions et, d'autre part, les énoncés susceptibles d'être démontrés par les sciences.

Ce faisant, on réhabilite l'opinion, qui n'est pas une croyance molle ou une vérité peu rigoureuse, mais bien la matière de notre vie quotidienne, le ciment de notre adhésion à la vie et le fondement de nos choix les plus essentiels. La croyance dans les vertus de l'égalité par exemple, qui fonde beaucoup de choix dans tous les domaines (en politique, l'égalité des votes), n'est ni une vérité ni une fausseté, c'est une opinion forte. En tant que telle, l'égalité, comme valeur, est discutable, on peut y adhérer plus ou moins fermement, on peut l'argumenter avec rigueur, mais elle échappe à l'espace de la démonstration. On serait tenté d'ajouter : heureusement ! Car vouloir démontrer scientifiquement les valeurs ne peut conduire qu'au totalitarisme.

Outre les philosophes, les littéraires s'occupent, depuis un certain temps, d'argumentation. Ce sont d'ailleurs eux, en France, qui ont pour mission de l'enseigner dans les cycles secondaires. Ils ne le font le plus souvent qu'avec le poids de l'embarras dans lequel les place l'ambiguïté de certains programmes scolaires, qui réduisent l'argumentation à l'étude de quelques figures de style. Argumenter, dans une perspective littéraire, se réduit finalement à une présentation esthétique, qui fait plus appel à la séduction du beau qu'au raisonnement rigoureux.

Les linguistes, quant à eux, ont développé de nombreuses théories sur la dimension argumentative contenue dans la langue. Mais leurs interrogations, si riches et passionnantes soient-elles — on pense en particulier à celles de Jean-Claude Anscombre et Oswald Ducrot [1988] —, constituent plus l'élément d'une recherche sur la langue en général que sur les situations de communication qu'implique le partage d'opinions. Leurs travaux sont toutefois ceux qui sont les plus proches, de ce point de vue, de la problématique des sciences de la communication.

Séduire, démontrer ou argumenter ?

Lorsque l'on interroge différents publics sur les représentations qu'ils se font de ce qu'est l'acte de convaincre, de comment on fait, concrètement, pour convaincre, on constate que, pour beaucoup, il s'agit surtout soit de séduire, soit de démontrer. Ces représentations, qui ne mettent pas l'argumentation au centre, témoignent de la dégradation de la formation et de la culture de l'argumentation, pourtant essentielle à la vie démocratique.

Le convaincre est souvent le lieu d'une certaine violence. La manipulation psychologique, largement utilisée pour convaincre, par exemple dans certaines techniques de vente, relève d'une violence exercée sur l'autre comme le montrent les expériences rapportées par Joule et Beauvois [1987]. Les moyens de convaincre peuvent aussi, dans cette perspective, être mis en œuvre discrètement, voire sans que l'autre sache qu'il est l'objet d'une sollicitation, comme dans les situations décrites par Vance Packard dans son ouvrage *La Persuasion clandestine* [1963]. De nombreuses formations à la « communication » ne sont ni plus ni moins que l'apprentissage de procédés visant à enserrer l'autre dans un piège mental dont il ne sortira qu'en adoptant l'acte ou l'opinion qu'on lui « propose ».

On peut aussi convaincre à l'aide de méthodes plus douces. La séduction est fréquemment utilisée pour entraîner l'autre, ou même des publics entiers, à partager tel point de vue. On sera ainsi amené à penser comme l'orateur parce qu'il est séduisant.

Nombre d'hommes politiques jouent sur cette corde sensible en établissant une relation quasi charnelle avec leur auditoire, d'où toute connotation sexuelle n'est pas exclue. La pratique qui consiste à toucher physiquement l'électeur (par le biais le plus souvent d'une poignée de main) relève de ces méthodes.

La séduction a de tout temps constitué l'un des moyens puissants d'entraîner la conviction. Celle-ci prend des formes très variées. À l'oral comme à l'écrit, l'usage de figures de style, qui enjolivent le discours en le rendant agréable à entendre, relève de cette stratégie. Un slogan comme « un verre ça va, deux verres, bonjour les dégâts », qui fait appel à une figure de rythme assez précise, n'est pas tant convaincant par ce qu'il argumenterait ou démontrerait que par sa présence agréable à l'oreille qui crée un sentiment d'évidence.

D'autres moyens de convaincre font appel moins aux sentiments qu'à une forme de raison hors propos. Il s'agit de la démonstration, c'est-à-dire de l'ensemble des moyens qui permettent de transformer une affirmation ou un énoncé en un « fait établi », que personne ne pourra contester, sauf à lui opposer peut-être un autre énoncé, mieux démontré. Ainsi, si l'on soulève un objet et qu'on le lâche sans lui imprimer de direction particulière, celui-ci se dirigera irrésistiblement vers le bas (au moins sur Terre) en suivant une trajectoire prévisible, décrite par la loi scientifique de la chute des corps. Pour convaincre qu'il s'agit là d'un fait établi, le chercheur met en place une démonstration, acceptée par ses pairs, qui peuvent la vérifier, et par le public, sur la base de la confiance dans les experts. La loi de la chute des corps ne s'argumente pas (il ne s'agit pas d'une opinion), elle se discute entre scientifiques, puis se prouve et se vérifie.

L'argumentation, moyen puissant pour faire partager par autrui une opinion (qui peut avoir comme conséquence une action), s'écarte aussi bien de l'exercice de la violence persuasive que du recours à la séduction ou à la démonstration scientifique. Il s'agit donc d'un genre particulier, dont nous allons nous attacher à saisir la spécificité ainsi que les exigences qui entourent sa mise en œuvre.

Un objet complexe

Cette séparation, assez théorique, des différents moyens utilisés pour convaincre est en réalité moins simple qu'il n'y paraît dans la pratique. Une des caractéristiques majeures des actions humaines consiste en effet, outre leur complexité, dans le fait qu'elles semblent toujours mobiliser, de façon insécable, toute la richesse des possibles. Ainsi on rencontre rarement de pures situations de séduction, de démonstration ou d'argumentation. Toute l'histoire de la rhétorique, l'ancien « art de convaincre », est traversée, comme nous le verrons, par la place que doit occuper le « plaire » ou l'« émouvoir » par rapport au strict raisonnement argumentatif. De la même façon, la publicité moderne, objet complexe s'il en est, doit sa redoutable efficacité au fait qu'elle joue simultanément sur tous les registres du convaincre. Tous ces éléments sont souvent inextricablement liés. Il serait donc préférable de décrire ces situations, selon les cas, comme à dominante de séduction ou à dominante d'argumentation.

Une vision cynique des réalités humaines pourrait conduire à nier la richesse et la complexité des moyens utilisés pour convaincre. Cette vision implique le plus souvent de ne voir, comme principale méthode, que la mise en avant de la séduction et, derrière elle, l'usage de purs rapports de pouvoir. Que cette tendance existe ne signifie pas qu'elle constitue la « nature » de l'homme ou que nous y soyons condamnés. Ce ne sera en tout cas pas le point de vue emprunté dans ce livre.

La séduction a certes ses charmes et elle est heureusement appropriée à beaucoup de situations. Mais on reconnaîtra ici qu'il existe de nombreux cas, notamment dans tous les débats qu'autorise aujourd'hui la démocratie, où convaincre peut relever avec bonheur, pour l'essentiel, de l'usage de raisonnements qui tiennent compte de l'auditoire dans une situation de libre communication. C'est dans cet esprit que nous définirons l'argumentation tout au long de ce livre, conscient qu'il s'agit à la fois de décrire les mécanismes d'un élément essentiel de l'activité humaine et de mettre en avant toutes les ressources dont elle est porteuse, comme technique de communication, essentielle aux débats et aux pratiques démocratiques.

Argumentation et citoyenneté

L'existence de la rhétorique est largement tributaire de l'usage qui en est fait. Née dans un contexte judiciaire, au Ve siècle av. J.-C., celle-ci va s'étendre rapidement au domaine politique. Comme le rappelle Pierre Oléron, l'argumentation « ne peut intervenir que s'il est préalablement accepté qu'un débat soit ouvert et si celui qui se propose de défendre ou de justifier une position se voit d'abord accorder le droit de prendre la parole » [1993, p. 18]. Le système démocratique constitue précisément un tel contexte et « désormais l'histoire de l'art oratoire se confond presque avec l'histoire politique » [Benoit, 1983, p. 39].

Les anciens Romains, inventeurs de la république, avaient bien compris ce caractère central de l'argumentation puisqu'ils en avaient fait de façon indissociable le noyau de tout enseignement et le fondement de la citoyenneté. De ce point de vue, il nous faut sans doute encore faire un effort pour être modernes.

Mais l'exercice d'une argumentation citoyenne est en même temps largement biaisé par les tragiques possibilités de manipulation de la parole et, partant, des consciences, que les techniques de communication du XXe siècle, dérivées pour l'essentiel de la part la plus obscure des anciennes méthodes de la rhétorique, ont ouvertes. Le pouvoir des médias, les subtiles techniques de désinformation, le recours massif à la publicité rendent chaque jour plus nécessaire une réflexion sur les conditions d'une parole argumentative à l'opposé de la rhétorique et de la manipulation.

Une double approche du sujet

C'est donc, on le voit, à la fois avec la modestie qu'appelle une recherche renaissante sur l'argumentation et avec toute l'ambition que suppose un tel programme que ce livre a été écrit.

Il a été conçu pour proposer au lecteur une double approche du phénomène argumentatif, d'une part, historique et théorique, d'autre part, analytique et pratique.

Les premiers chapitres précisent ce qu'est le champ de l'argumentation et le décrivent notamment sous l'angle de la communication. Ils permettent d'insister sur un point essentiel de la stratégie d'argumentation, qui est la recherche d'un « accord préalable » dans l'auditoire. Plus que tout autre, c'est le lien tissé à partir de cet accord préalable qui inscrit l'acte de convaincre dans une perspective communicationnelle.

C'est aussi le moment de se demander quelle place irréductible le plaire, le séduire ou l'émouvoir gardent dans l'acte d'argumenter, mais aussi quelles sont les tentations de manipulation des consciences et des publics auxquelles nous sommes quotidiennement confrontés.

On trouvera notamment dans le chapitre II des outils pour analyser les propos, textes et discours qui visent à convaincre. Il présente une méthode simple qui permet d'organiser le décodage de ces textes qui, trop souvent, s'imposent à nous sans que nous sachions comment ils fonctionnent.

Les chapitres suivants décrivent avec précision, et essentiellement à partir d'exemples pris dans le débat social et politique, les différents types d'arguments généralement utilisés.

L'objectif ici est de permettre au lecteur d'apprendre à identifier les grands « moules argumentatifs » dans lesquels se coulent nos discussions. On voit, à travers les exemples et les textes analysés, que l'argumentation n'est sans doute jamais la *seule technique* pour faire partager une opinion, mais, en même temps, que c'est la plus riche culturellement et la plus ouverte humainement.

I / Le champ de l'argumentation

L'argumentation est profondément liée au langage humain, dont elle est l'une des possibilités majeures. Encore faut-il qu'une culture lui accorde une place pour que ce potentiel langagier se développe. Il faudra donc attendre que, au détour de mutations sociales décisives — celles-là mêmes qui verront la démocratie se développer —, l'opinion soit conçue pleinement comme un objet de débat public et que celui-ci devienne une institution.

De nombreuses sociétés ont porté des dispositifs de parole qu'on pourrait qualifier de « proto-démocratiques », en Europe comme en Asie, en Afrique comme en Amérique du Nord, et cela à des périodes différentes de l'histoire humaine [Détienne, 2003]. L'argumentation s'y distingue de la palabre ou de la parole hiérarchique et contribue à construire des relations plus symétriques entre les hommes — et parfois les femmes — qui composent ces sociétés [Breton, 2000 et 2006].

Depuis quand l'homme a-t-il construit un savoir sur l'argumentation ? Tout dépend de ce que l'on entend par « savoir ». Au sens le plus large que peut prendre ce mot, il est probable que les pratiques argumentatives, aussi anciennes soient-elles, ont toujours été accompagnées d'un savoir spontané, empirique. Aujourd'hui encore, alors que l'argumentation ne recommence qu'à peine à être l'objet d'un programme d'enseignement et que chacun, dans la vie de tous les jours, est confronté à de nombreuses situations d'argumentation, un tel savoir fait partie de la « culture de base » que tout le monde peut acquérir, en quelque sorte par « imprégnation ».

La naissance de la rhétorique

Mais au sens strict, le savoir structuré sur l'argumentation, sur les méthodes et les procédés qui la rendent plus efficace, est apparu dans le bassin méditerranéen il y a plus de 2 500 ans [Breton et Gauthier, 2000]. On situe en effet en Grèce antique l'émergence d'un savoir systématique dans ce domaine au Ve siècle avant J.-C., sous le nom de « rhétorique ».

Celle-ci mélange d'abord tout dans une sorte de magma initial qui cherche peu à peu son ordre et son destin. La première rhétorique est tout aussi bien argumentation, raisonnement, recherche d'un ordre du discours que manipulation des opinions et des consciences, affirmation que tout est argumentable et que l'orateur est plus un homme de pouvoir qu'un homme d'éthique et d'opinion.

À partir de là, la rhétorique va étendre son « empire », « plus vaste et plus tenace que n'importe quel empire politique, par ses dimensions, sa durée », pour reprendre l'expression de Roland Barthes, sous différentes formes, jusqu'à aujourd'hui. Pendant 2 500 ans, jusqu'à l'éclatement des disciplines à la fin du XIXe siècle, la rhétorique va être le centre de tout enseignement.

Comme le remarque Fumaroli, il s'agit là d'« un phénomène de très longue durée, mais capable, du fait de son profond ancrage dans la nature humaine, de surprenantes métamorphoses de génération en génération, de lieu en lieu, d'individu à individu » [1994, p. II]. Une étude de ces formes constituerait d'ailleurs une entrée très pertinente pour mieux comprendre, d'un point de vue anthropologique, l'évolution des cultures.

L'histoire du savoir et des connaissances accumulées en rhétorique est aussi celle d'un détachement progressif, dès la période antique, de l'« art de convaincre » avec l'esthétique de la parole, mais aussi avec la recherche de la vérité, notamment sous la forme scientifique. On cessera ainsi de confondre la « belle parole » avec la parole persuasive, et la démonstration avec, plus simplement, l'activité qui consiste à vouloir faire partager une opinion vraisemblable.

Un acte essentiel

Définir le champ de l'argumentation implique de bien saisir la spécificité de cet acte essentiel à l'activité humaine. C'est l'objet de ce chapitre. Trois éléments essentiels permettent de mieux circonscrire ce champ :

— argumenter, c'est d'abord communiquer : nous sommes donc dans une « situation de communication », qui implique, comme toute situation de ce type, des partenaires et un message, une dynamique propre ;

— argumenter n'est pas convaincre à tout prix, ce qui suppose une rupture avec la manipulation — l'influence coercitive — au sens où celle-ci n'est pas regardante sur les moyens de persuader ;

— argumenter, c'est raisonner, proposer une opinion à d'autres en leur donnant de bonnes raisons d'y adhérer.

L'exercice, on le voit, n'est pas simple. Argumenter suppose en effet que celui qui s'y livre reconnaisse qu'il s'implique dans une situation de communication. Nul doute que quelqu'un qui s'acharnerait à convaincre « dans le vide », ou encore qui s'adresserait à ce que certains philosophes ont appelé un « auditoire universel », c'est-à-dire à personne en particulier, risquerait de rencontrer certaines difficultés. Dans ce sens, une argumentation n'est jamais universelle (alors que la démonstration d'un théorème mathématique, par exemple, l'est).

Argumenter, c'est aussi savoir se restreindre au nom d'une éthique : il est parfois plus facile de convaincre, au moins à court terme, son interlocuteur en utilisant uniquement des figures de style ou des raisonnements tronqués. Il est plus facile également, pour ceux qui en ont l'habileté, de manipuler psychologiquement la relation dans le but de convaincre. Mais argumenter, c'est aussi être quelqu'un qui se refuse à utiliser tous les moyens au service d'une seule valeur : l'efficacité à tout prix.

Le bon usage de l'argumentation implique donc une rupture avec l'univers des techniques d'influence coercitive. La rhétorique a été pendant trop longtemps contaminée par des procédés de toute sorte. Il faut maintenant, pour la clarté des débats, séparer nettement les genres.

De plus, malgré les nombreux et convaincants travaux réalisés jusqu'à ce jour en argumentation, il est nécessaire de remettre constamment l'ouvrage sur le métier. L'objet de l'argumentation évolue, plus vite sans doute que la théorie. L'évolution du langage, des modes de communication, des valeurs aussi, qui ont tant d'importance en argumentation, en font une matière vivante.

La théorie doit donc être en renouvellement permanent. Le choix des exemples, qui est une grande question pour tous ceux qui écrivent dans ce domaine, est un bon symptôme de cette évolution rapide. Déjà l'auteur anonyme de la *Rhétorique à Herrenius* évoquait, en tête de son manuel publié au Ier siècle avant J.-C., la nécessité de ne pas toujours emprunter ses exemples aux manuels anciens. Beaucoup d'auteurs éprouvent malgré tout une difficulté de ce point de vue, qu'on ne résout pas forcément en puisant ses exemples dans le « fonds intemporel » de la culture classique. La théorie de l'argumentation se renouvelle aussi à travers les exemples qu'elle choisit de traiter. Aussi les choisirons-nous sans exclusive dans le corpus classique aussi bien que dans l'actualité politique et sociale. Et comme il n'y a finalement d'argumentation que dans le débat démocratique, c'est là que seront choisis la plupart des cas analysés.

Argumenter, c'est communiquer

Le privilège donné habituellement à l'information dans la communication a conduit à la diffusion d'un schéma standard mettant en scène l'émetteur, le message, le récepteur dans une perspective linéaire. C'est le fameux schéma de Shannon [Escarpit, 1976].

S'il s'applique bien dans le cas de la diffusion de l'information, ce schéma canonique ne s'applique pas en l'état à l'acte d'argumentation. Le transport d'une information le long d'un canal n'est pas de même nature que la mise en forme d'une opinion et son transport vers l'auditoire. Il nous faut donc réfléchir à un schéma de communication *ad hoc* dans le cas de l'argumentation.

Le triangle argumentatif

Nous pouvons en effet, en argumentation, distinguer entre les niveaux suivants :

— l'*opinion* de l'orateur ; elle appartient au domaine du vraisemblable, qu'il s'agisse d'une thèse, d'une cause, d'une idée, d'un point de vue. Cette opinion existe en tant que telle avant d'être mise en forme comme argument. Elle n'est pas forcément destinée à devenir un argument : on peut avoir une opinion et la garder pour soi, ne pas chercher à en convaincre les autres ou simplement les informer qu'on y adhère soi-même ;

— l'*orateur*, celui qui argumente, pour lui-même ou pour autrui (dans ce dernier cas, le contrat de communication doit être explicite ; c'est l'exemple type de l'avocat, qui argumente pour son client). L'orateur est celui qui, disposant d'une opinion, se place en posture de la transporter jusqu'à un auditoire et de la lui soumettre, pour qu'il la partage, c'est-à-dire la fasse sienne ;

— l'*argument* défendu par l'orateur ; il s'agit de l'opinion mise en forme pour convaincre ; l'opinion se coule alors dans un raisonnement argumentatif. L'argument peut être présenté par écrit (dans un mot, une lettre, un livre, un message informatique), par la parole, directe ou indirecte (par exemple, la radio ou le téléphone), par l'image ;

— l'*auditoire* que l'orateur veut convaincre d'adhérer à l'opinion qu'il lui propose ; il peut s'agir d'une personne, d'un public, d'un ensemble de publics, ou même, dans un cas limite, de l'orateur lui-même lorsqu'il cherche à « s'autoconvaincre » ;

— le *contexte de réception* ; il s'agit de l'ensemble des opinions, des valeurs, des jugements que partage un auditoire donné, qui sont préalables à l'acte d'argumentation et qui vont jouer un rôle dans la réception de l'argument, dans son acceptation, son refus ou l'adhésion variable qu'il va entraîner.

Le transport de l'opinion vers l'auditoire

On voit que, dans un tel schéma, l'objectif recherché est qu'une opinion s'intègre dans un contexte de réception, l'orateur, l'argument et l'auditoire n'étant, dans cette perspective, qu'un ensemble d'intermédiaires de ce processus de transport. Il n'y a certes pas d'opinion sans orateur, sans être humain qui la porte. Mais on retiendra que, en argumentation, ce qui compte au premier chef n'est pas que les sujets se mettent en avant, mais que leurs idées soient partagées par d'autres. On serait même tenté de dire : que leurs idées soient partagées par d'autres idées, si la formule ne risquait pas de laisser prise à une mauvaise interprétation, trop postmoderne.

Figure 2. — **Le schéma de la communication argumentative**

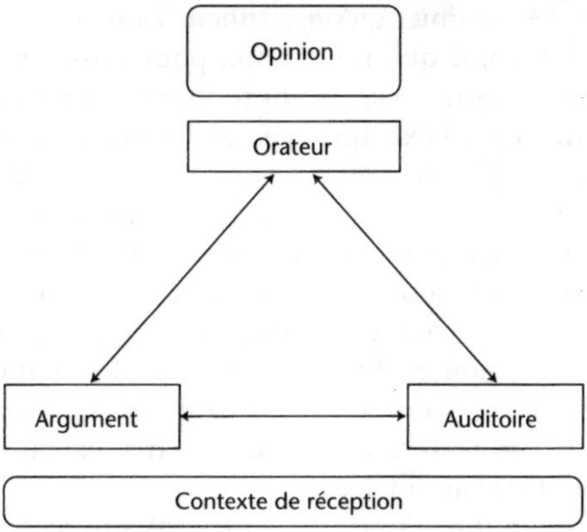

Pourquoi faut-il faire une distinction entre ce que l'on pense et ce que l'on dit, entre l'opinion et l'argument ? Y aurait-il un décalage entre ces deux niveaux apparemment confondus ? Une partie de la suspicion qui plane sur la rhétorique est liée à l'existence d'un tel décalage, source d'une certaine efficacité persuasive. Il faut, en argumentation, renoncer à ce décalage, sans pour autant renoncer à l'idée qu'il y a une différence entre l'opinion et sa mise en forme. Il est en effet possible de présenter les choses de différentes façons parce qu'on a affaire à des publics différents, sans pour autant qu'il y ait une contradiction entre l'opinion qu'on défend et la mise en forme argumentative que l'on propose.

Si je veux soutenir, par exemple, la nécessité d'une politique de prévention de la toxicomanie, et que j'ai, à des moments différents, en face de moi deux publics, l'un d'enseignants, l'autre de policiers, il est bien évident qu'à cette même opinion (la nécessité d'une politique de prévention) je peux faire correspondre deux argumentations distinctes, non pas parce que ce qui est dit serait différent de ce que je pense, mais parce qu'il est nécessaire de tenir compte du fait que l'on parle à un auditoire donné. En l'occurrence, on pourra, dans l'acte de prévention, insister, pour les uns, sur la dimension pédagogique qui le sous-tend et, pour les autres, sur la baisse attendue des crimes et délits que l'on peut en attendre. Argumenter est aussi choisir dans une opinion les aspects essentiels qui la rendront acceptable pour un public donné. La transformation d'une opinion en argument en fonction d'un auditoire particulier est précisément l'objet de l'argumentation.

Figure 3. — **Deux exemples de construction de l'argument en fonction de l'auditoire**

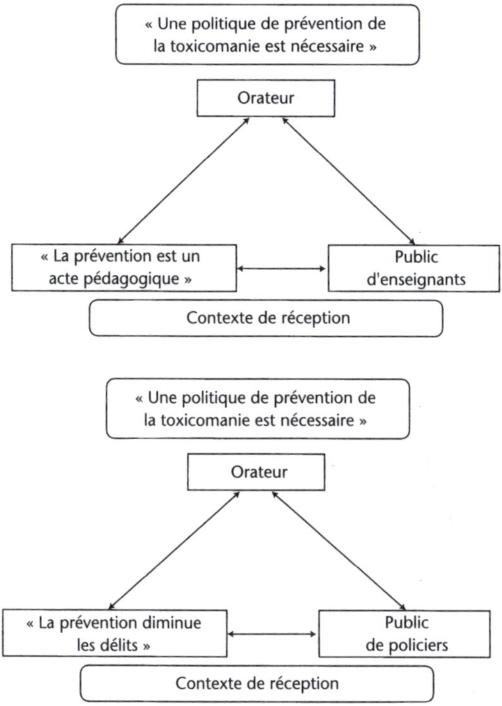

Les distinctions proposées dans le cadre de ce schéma et qui lui donnent tout son volume ne sont pas évidentes d'emblée, surtout si, par exemple, on croit que l'argumentation oppose face à face des subjectivités et se réduit donc au schéma simple d'une confrontation duale, avec, tout au plus, un message au milieu, mais dont la dimension psychologique ou relationnelle serait première.

On distingue donc entre différents niveaux d'action : quels rapports l'orateur va-t-il entretenir avec ses arguments ? Quels liens l'orateur va-t-il établir avec le public, parallèlement à l'énoncé des arguments ? Quelles relations le public va-t-il entretenir avec les arguments qui lui sont proposés ?

La réception de l'argument

Parler de l'argumentation en termes de communication implique de prendre en compte les modalités de réception de l'argument. Aucune opinion proposée n'intervient en terrain vierge. Chacun, sauf dans le cas d'une extrême nouveauté ou d'un domaine de connaissances spécialisé (mais nous avons vu que, dans ce cas, les énoncés sont en dehors du champ de l'argumentation), a déjà un point de vue proche de l'opinion qui lui est proposée. De toute façon, cette opinion va s'inscrire dans un ensemble de représentations, de valeurs, de croyances qui sont propres à l'auditoire considéré. On pourrait tout aussi bien définir l'argumentation comme un acte visant à modifier le contexte de réception, en d'autres termes les opinions de l'auditoire. Cette formulation, pour être plus précise, doit rendre compte du fait qu'accepter l'opinion d'autrui, l'opinion proposée par autrui, n'est pas sans conséquence sur ce que l'on pensait précédemment, avant de connaître cette opinion. L'auditoire, dans l'après-coup de l'acte argumentatif, ne dispose pas simplement d'une opinion « en plus » de ce qu'il pensait déjà (si tel était le cas, nous serions dans une démarche strictement informative), il a dû changer son point de vue sinon sur le monde, au moins sur les parties du monde qui, de proche en proche, sont concernées par l'argument retenu.

Ainsi, dans l'exemple précédent, les enseignants convaincus l'ont été parce qu'ils ont modifié leur point de vue sur l'acte pédagogique, dont l'objet n'est plus simplement les connaissances « classiques » qui nourrissent les matières comme l'histoire, la géographie ou les lettres, mais également toute connaissance permettant d'appréhender les réalités de la drogue et de la toxicomanie. À moins qu'ils n'aient toujours été convaincus, sans le savoir, que cela en faisait partie. L'argumentation, dans ce cas, a servi à faire ce rappel, à raviver une mémoire.

Il ressort de cette première approche du champ de l'argumentation que nous sommes aussi bien dans le domaine de la communication, puisqu'on y tient compte de l'autre dans sa particularité, en même temps — mais les deux qualités vont de pair — que dans le domaine de l'action. Argumenter, c'est d'abord agir sur l'opinion d'un auditoire, de telle façon que s'y dessine un creux, une place pour l'opinion que l'orateur lui propose. Au sens fort, argumenter, c'est construire une intersection entre les univers mentaux dans lesquels chaque individu vit.

L'argumentation, une question éthique

Toute action appelle, au-dessus d'elle, une éthique, qui en fixe les bornes, à partir de critères extérieurs au fonctionnement de l'action elle-même. Sans cet appel, l'argumentation serait condamnée à avoir comme seul critère l'efficacité. Or il est bien clair qu'on ne peut pas juger une action sur ce seul aspect.

Argumenter « à tout prix » nous ramènerait à la manipulation, synonyme de « quels qu'en soient les moyens ». L'éthique, qui est un appel aux frontières, est d'abord une clôture. Le pouvoir du langage est tel, les possibilités d'influence coercitive des consciences si vastes, l'attrait pour la connaissance « objective » si puissant que l'éthique est une nécessité vitale pour que l'argumentation non seulement puisse trouver un chemin autonome au sein de tous ces possibles, mais, tout simplement, puisse exister.

On dénigre trop souvent aujourd'hui l'argumentation en la traitant de rhétorique et en insistant sur les excès de cette dernière, pour que ce travail de clarification et de frontière ne soit pas en permanence réaffirmé comme nous avons tenté de le faire dans un autre ouvrage, entièrement consacré à la manipulation [Breton, 2000]. Argumenter, c'est aussi affirmer concrètement que tout n'est pas influence coercitive ou raison déshumanisée.

La dimension éthique de l'argumentation est donc clôturée par trois questions :

— Tout est-il argumentable ?

— Tous les arguments sont-ils bons pour défendre une opinion ?

— Y a-t-il des limites à l'action que l'on peut exercer sur un auditoire ?

Suivant les réponses que l'on donnera à chacune de ces trois questions, on se situera à l'intérieur de l'espace argumentatif... ou on en sortira.

Le champ du vraisemblable

Tout est-il argumentable ? En définissant la situation de communication typique de l'argumentation, nous avons déjà souligné qu'elle mettait en scène l'« opinion ». Un mot d'abord : malgré l'usage qui en a affaibli le sens, l'« opinion » reste une réalité forte, qui désigne ce à quoi nous croyons, ce qui guide en amont nos actions et qui nourrit en amont nos pensées.

L'homme n'est pas fait que d'opinions, mais ses opinions contribuent largement à son identité d'homme, et notamment son identité sociale.

L'opinion, dans ce sens, est à la fois l'ensemble des croyances, des valeurs, des représentations du monde qu'un individu se forme pour être lui-même. Mais l'opinion n'est pas tout, car celle-ci est mobile, en perpétuelle mutation, soumise aux autres et prise dans un courant d'échanges permanents. L'opinion se distingue de la certitude ou de la foi, qui, elles, relèvent d'autres modalités de discussion (mais ne situent pas forcément en dehors de l'espace du doute).

Trois grands domaines échappent à l'opinion pour relever de la certitude ou de l'évidence : la science, la religion, les sentiments.

Opinion et connaissance scientifique. — La connaissance scientifique échappe à l'opinion. Heureusement d'ailleurs car c'est historiquement en s'en détachant qu'elle a pu exister en tant que telle. La contrepartie de cette séparation est l'existence d'un champ clos, difficilement pénétrable... par ceux qui n'en font pas partie. Les résultats scientifiques ne se discutent pas — même si les scientifiques, entre eux, discutent beaucoup des questions de méthodologie —, ils s'imposent à tous et ne constituent donc pas une opinion. Les lois de la science s'adressent à un auditoire universel. Mais, dira-t-on, en science, on discute quand même, et énormément parfois, comme en témoigne la force des « controverses » et des « réfutations » qui secouent régulièrement ce monde. À l'évidence, il y a une rhétorique scientifique qui se mélange avec des règles techniques propres à ce milieu. Mais ces règles sont internes au milieu des savants et ne concernent qu'eux.

N'y a-t-il pas cependant un peu de science dans nos opinions ? Les faits ne contribuent-ils pas à l'argumentation ? Cette séparation est-elle si nette ? Ne doutons pas sur ce point qu'il y ait, et elles sont bienvenues, des procédures permanentes de traduction de certaines connaissances scientifiques dans le registre des opinions. Certains faits scientifiques nourrissent nos croyances, parfois bien après avoir cessé d'être des faits pour les scientifiques eux-mêmes, pour cause d'avancée des connaissances.

L'un des enjeux de l'argumentation va être le contrôle et la légitimité de certaines traductions de connaissances en opinion. Ainsi par exemple, l'échelle de toxicité des drogues produite par le Comité d'éthique français sur la base de résultats scientifiques commence seulement à être traduite sur le plan des opinions. Les scientifiques, ayant pris comme critère le degré, mesurable, d'atteinte du système nerveux central, aboutissent à la conclusion que la marijuana est moins toxique que le tabac, et que bien des drogues dites « dures » ne provoquent aucun effet d'accoutumance physiologique (comme le LSD).

Mais le débat sur la légalisation de certaines drogues ou l'interdiction de certaines autres, s'il emprunte aux faits pour se nourrir, n'en obéit pas moins à des arguments non scientifiques. On peut décider de continuer à légaliser des produits hautement toxiques, comme par exemple l'alcool et le tabac, au nom d'une valeur comme la liberté individuelle et sa déclinaison concrète, qui est le droit de chacun de disposer de son propre corps.

Sur une autre question, celle de savoir si la Terre tourne autour du Soleil, il semble qu'il y ait peu de science dans nos opinions courantes : une enquête récente montre qu'une forte partie de la population française raisonne comme si le Soleil tournait autour de la Terre.

Quelle différence y a-t-il, dès lors, entre une connaissance et une opinion ? On retiendra que l'une se situe du côté de l'objectivité et de la vérité, même s'il ne s'agit là que de la recherche d'un idéal, tandis que l'autre se situe du côté de la subjectivité et de ce que Perelman, à la suite d'Aristote, appelle le « vraisemblable ». Si l'opinion était certaine et si nous n'étions entourés que d'évidences, la mécanique argumentative serait mort-née et, avec elle, le lien social, car il ne se trouverait personne en posture d'être convaincu. Nous serions dans un monde déshumanisé, réduit à l'état de machines ne faisant qu'échanger objectivement des informations.

Il y a là un redoutable paradoxe car nous pouvons adhérer très fortement à une opinion qui n'est que vraisemblable. Il ne faut en effet pas confondre vraisemblable et mou, opinion et idée qui se déliterait. Perelman, encore lui, parle à ce sujet d'adhésion variable, restituant ainsi toute la noblesse d'une catégorie de pensée qui refuse à la fois tout dogmatisme et tout caractère lâche.

Opinion et foi religieuse. — Après la science, la religion constitue un autre champ qui échappe à l'argumentation. La foi, la vraie foi, celle du « charbonnier », se partage, se communique, se reçoit comme une évidence mais ne s'explique pas plus qu'elle ne s'argumente. La croyance dans la présence du sang du Christ dans le vin, dans l'ascension du prophète ou dans le fait que Dieu a dicté lui-même les tables de la Loi et la Torah n'est pas une opinion. Elle est, au sens strict, bien plus que cela, bien en dehors de cela.

Au-delà des formes qu'elle prend, la conscience du sacré n'est pas, comme le disait si bien Mircea Eliade, un moment dans l'histoire de l'évolution, mais une composante intemporelle de l'humanité. Mais là aussi on objectera que tout, dans les religions, n'est pas pure révélation ou foi vécue dans le mystère, il y a aussi des débats, des discussions. La théologie est aussi un lieu où l'on se convainc mutuellement.

Comme pour la science, il y a lieu ici de distinguer entre les procédures de discussion internes à une croyance et l'argumentation qui concerne chacun dans son universalité. Le Talmud, par exemple, dont on sait l'importance qu'il a dans le judaïsme, repose sur la mise en œuvre de procédures de discussion normalisées et codifiées de la Torah. Il ne viendrait à l'esprit de personne de généraliser ces procédures de discussion à la société humaine tout entière pour en faire les bases de tout débat. Il y a, bien sûr, et de nombreuses religions n'échappent pas à ce travers, une rhétorique prosélyte, débouchant le cas échéant sur une coercition physique (on se souvient de l'usage de la torture sous l'Inquisition) ou sur une volonté de s'emparer de tout l'espace public (comme en témoignent certaines tendances radicales de l'islam). Mais on quitte là le champ de la religion proprement dite pour rejoindre celui de la rhétorique du pouvoir et, parfois seulement, celui de l'argumentation. Ce n'est en effet pas tout à fait un hasard si l'enseignement de la rhétorique a été maintenu par les pères jésuites alors même que l'enseignement public n'en voulait plus dès la fin du XIXe siècle.

Opinion et sentiments. — Autre champ qui échappe à l'opinion, donc à l'argumentation, celui des sentiments. Qu'il s'agisse de la beauté ou de l'amour, et *a fortiori* de la haine, la vaste gamme des sentiments humains, qui nous meuvent et nous émeuvent, n'a guère à voir avec des opinions. Tout un arsenal de formules populaires est d'ailleurs à notre disposition pour bien opérer la disjonction, comme par exemple ce pur produit de la sagesse des peuples qu'est l'affirmation selon laquelle « les goûts et les couleurs ne se discutent pas », embrassant dans une même formule l'esthétique, l'amour et la cuisine, dont on sait par ailleurs l'intime parenté. On objectera que les sentiments, parfois, s'argumentent, mais il n'est pas besoin d'être conseiller conjugal ni même fin psychologue pour savoir que lorsqu'un partenaire tente de convaincre l'autre qu'il l'« aime », c'est justement… que la question se pose. De la même façon, le commentaire en matière esthétique, qui s'ouvre effectivement à l'opinion, échappe de ce fait à l'art lui-même, comme en témoigne le vigoureux appel de Georges Steiner aux « réelles présences » [1991]. Le commentaire n'est pas l'art et il arrive même que le premier étouffe et stérilise le second.

Opinion et information. — Dernière distinction qui nous permet de clarifier ce qui fait l'objet de l'argumentation : l'opinion et l'information. Ces deux éléments constitutifs de la communication gagnent à ne pas être confondus, même si la frontière qui les sépare est souvent bien ténue. L'argumentation n'a pas pour objectif de transmettre ou de faire partager une information, mais une opinion. Aristote excluait d'emblée du champ de l'argumentation ce qui relevait de l'évidence immédiate. Ainsi le témoignage sur un fait qui consiste à dire : « Il neige. » Dans ce cas, le contrat de communication qui lie le témoin à l'auditoire est un contrat informatif qui n'a rien à voir avec l'argumentation. On remarquera toutefois que le même énoncé « il neige » peut, dans une autre situation de communication, constituer l'élément d'une argumentation : « Il neige, *donc* restons bien au chaud. »

Qu'est-ce qu'une « opinion » ? C'est un point de vue qui en suppose toujours un autre possible (d'où l'existence de l'argumentation), ou qui, dans un débat par exemple, s'oppose à d'autres. Qu'est-ce qu'une information, sinon un regard sur le réel qui tend à être unique, à être la synthèse de témoignages concordants ? On dira que cela n'existe pas, que l'information est toujours subjective puisque produite par des humains. Elle n'est toujours qu'une représentation du réel. La différence tient au contrat de communication, qui, dans le cas de l'information, suppose que l'on tendra le plus possible vers un regard objectif, même si on n'y parvient pas tout à fait.

Et puis l'information, c'est aussi la matière première que traitent les machines informatiques. C'est parce qu'elle est « objective », justement, que les machines peuvent la traiter, elles qui n'ont strictement aucune opinion. Dans le champ journalistique, la distinction information/opinion est tout aussi essentielle et fixe les impératifs déontologiques du journaliste, qui ne fait pas le même travail lorsqu'il informe le public que quand il lui donne, comme commentateur ou comme chroniqueur, son « opinion » sur les faits.

Un espace public laïque. — Parler ainsi d'opinion permet de préciser le champ de l'argumentation et d'en restreindre un peu la portée. L'opinion, ainsi définie comme relevant du vraisemblable et distincte à la fois des sentiments, des croyances religieuses et des connaissances scientifiques, permet de baliser un espace de discussion qu'on pourrait qualifier d'« espace public laïque ». Cet espace est celui de notre quotidien. L'argumentation, c'est d'abord et principalement l'argumentation quotidienne. Il est fait des mondes de représentations que nous partageons avec tous les autres humains, des métaphores dans lesquelles nous habitons et qui nous aident à structurer notre vision des choses et des êtres.

Ces mondes sont au fond créés par l'argumentation et c'est l'argumentation qui les change. Elle en constitue la dynamique essentielle, la machine qui donne forme à la matière première des croyances, des opinions, des valeurs.

Dans ce sens, l'argumentation est essentielle au lien social. La « laïcité » de l'espace dans lequel elle évolue et qu'elle circonscrit en est une dimension fondamentale, qui lui permet de se tenir à distance de tout dogmatisme (non que la science ou la religion soient en elles-mêmes des dogmatismes, mais bien parce que leur généralisation dans l'espace public l'est). Hors du champ qui lui donne sa validité, et aussi sa relativité, la connaissance scientifique transforme le vraisemblable de nos opinions en une illusion de vérité. On se gardera bien, dans cette perspective, d'accréditer l'idée, éminemment scientiste, que seule la science est capable de raison. L'opinion, elle aussi, relève d'une rationalité qui lui est propre.

La cohérence entre l'opinion et l'argument

Tout n'est pas argumentable et seule l'opinion relève de notre champ. Cette règle une fois fixée, on admettra qu'il doit y avoir une cohérence entre l'argument exposé et l'opinion dont elle est la mise en forme et qu'on ne peut donc pas se servir de n'importe quel argument. Prenons, pour illustrer cette nécessité, un exemple limite. On rencontre parfois un procédé rhétorique qui consiste à attribuer à celui qui vous met en cause la qualité, plutôt le défaut, dont il se sert justement pour vous mettre en cause. Ainsi, il n'est pas rare que l'on ait entendu, dans les débats à l'Assemblée, un député d'extrême droite, mis en cause pour son extrémisme, rétorquer en accusant son accusateur d'être un... fasciste, de ne pas tolérer la liberté d'expression, etc.

L'opinion du député d'extrême droite est sans rapport avec son argument, puisqu'on ne peut pas reprocher à quelqu'un d'être ce que l'on apprécie d'être soi-même.

Dans le même ordre d'idée, Patrick Sébastien, animateur de l'émission *Osons* sur TF1, confronté au refus de certaines vedettes de participer à l'émission, non en fonction de l'Audimat, très élevé, mais de la vulgarité de sa conception de la télévision, avait déclaré : « Ces gens n'ont pas d'honneur, ce sont des commerçants » (cité par Sylvie Kerviel, *Le Monde*, 21 octobre 1995).

L'« argument », outre qu'il ne fera pas plaisir aux commerçants (dont la plupart ont, bien sûr, comme tout le monde, de l'« honneur »), est un curieux retournement, car la vulgarité de l'émission n'a d'autre objectif que l'augmentation des recettes publicitaires obtenues en « ratissant large ».

Utiliser un argument trop éloigné de l'opinion qu'on défend est également la ressource de la démagogie, qui vise, pour assurer la popularité d'une politique, à la créditer des vertus qui plaisent à l'auditoire, que l'on prend ainsi « dans le sens du poil ». L'argumentation suppose, et en cela elle est profondément un acte de communication, une différence entre l'opinion de l'orateur et celle de l'auditoire. Elle ne consiste, pour reprendre l'alternative proposée par Francis Goyet, ni à prêcher dans le désert ni à prêcher des convertis.

Cette règle insiste sur la cohérence entre l'opinion et l'argument ou, plutôt, sur leur solidarité intime. Ainsi, une femme qui veut convaincre son mari, militant de gauche, de partager chez lui les tâches ménagères pourra bien faire appel à l'égalité comme valeur fondamentale devant guider les comportements quotidiens, y compris du point de vue de l'égalité de l'homme et de la femme devant les tâches ménagères. Avec un peu de chance, l'argument devrait porter, l'« égalité » étant théoriquement une valeur de gauche. Encore faut-il, pour que nous soyons dans l'espace de l'argumentation, que l'épouse partage elle aussi cette valeur fondamentale.

Si elle utilise l'argument uniquement parce qu'elle sait que l'auditoire, son mari, y sera sûrement sensible, sans elle-même le partager, nous ne sommes pas loin de la malhonnêteté. La femme peut en effet ne pas croire du tout à l'égalité entre les sexes, se satisfaire par ailleurs d'un statut inférieur vécu comme confortable, mais ne pas aimer faire la vaisselle (on voit bien dans ce cas la réponse que peut opposer le mari, à condition qu'il « décode » bien le message et qu'il distingue, justement, la contradiction entre l'opinion de sa femme et l'argument qu'elle utilise).

Mais pourquoi, dira-t-on, ne l'utiliserait-elle pas ? Pourquoi faudrait-il opposer la morale et l'efficacité ? Pour la morale, c'est le choix de chacun, et si l'on préfère défendre ses opinions avec des moyens qui y correspondent, mieux vaut argumenter.

Pour l'efficacité, il n'est pas évident qu'un argument qui porte à court terme ne se retourne pas au bout du compte contre son auteur, dont la crédibilité est en jeu dans les moyens qu'il utilise pour ses opinions. Il n'est pas rare que des vendeurs, à qui l'on a appris dans des stages de « formation » à utiliser des techniques d'influence mentale coercitive, y renoncent sur le terrain, par souci d'établir un lien de véritable confiance avec leur clientèle, plus profitable commercialement pour eux.

Le public libre d'adhérer à l'opinion

Le caractère vraisemblable de l'opinion, qui concerne le haut de notre schéma de communication, renvoie assez bien à la troisième règle éthique qui veut que l'auditoire soit libre d'adhérer à la thèse (à l'opinion) qu'on lui propose. Cette règle pourrait n'être qu'une simple conséquence du caractère vraisemblable de l'opinion. En effet, si l'orateur n'adhère que de façon variable à ce qu'il défend, il ne peut que demander la même chose à l'auditoire, c'est-à-dire la même intensité d'adhésion, ce qui implique une certaine liberté du public. Mais elle est plus que cela. Il y a en effet une sorte de paradoxe à vouloir convaincre quelqu'un de ce à quoi l'on croit, en affirmant non seulement que ce à quoi l'on croit n'est que vraisemblable, mais en plus en proposant à l'auditoire, éventuellement, de ne pas adhérer à l'opinion proposée.

Ce paradoxe, disons-le tout de suite, et cela nous montrera certaines limites de l'épure argumentative, est récupéré par les techniques de manipulation des consciences. Joule et Beauvois, dans un ouvrage qui fourmille d'exemples de telles manipulations [1987], montrent bien qu'un élément important des stratégies visant à convaincre « à tout prix », c'est-à-dire à recourir à l'influence coercitive consiste justement à faire croire à l'auditoire qu'il a totalement le choix. C'est en général à ce moment précis qu'il cède le plus facilement aux instances de l'orateur ou du demandeur. La différence, dans ce cas, entre argumentation et influence coercitive tient à ce « faire croire que ». Il n'y a vraiment paradoxe que si l'auditoire est réellement libre de son choix d'opinion.

Poussons plus loin encore : n'y a-t-il pas véritablement argumentation que quand l'orateur, maître par définition du moment oratoire, assume jusqu'au bout sa fonction de gestionnaire de la relation et fait tout pour créer une situation de communication où l'autre est effectivement libre ? N'est-ce pas là la responsabilité de tout orateur ? S'il ne prend pas à contre-pied son désir de convaincre, ne risque-t-il pas de retomber dans l'usage tous azimuts des techniques qui permettent d'emprisonner un public dans les rets du langage, jusqu'à ce qu'il rende raison ?

On voit bien ici les enjeux concrets qui se dessinent derrière une conception de l'argumentation qui s'éloigne de la coercition tout en la rapprochant d'une situation de communication.

Dans la réalité, les choses ne sont pas si simples et, si nous avons le courage d'interroger nos pratiques quotidiennes, nous y verrons que le recours à l'influence coercitive n'est pas forcément rare. Il y a à cela une raison simple : la manipulation est souvent plus efficace que l'argumentation. Du moins à court terme. Ce phénomène est renforcé dans une société qui privilégie souvent l'efficacité comme valeur et, quoi qu'on en dise, la certitude sur le doute.

L'intervention sur le lien orateur/auditoire

Il est plus efficace en effet d'intervenir de façon coercitive sur la relation orateur/auditoire pour faire « passer » l'argument que de laisser se dérouler le chemin plus long et plus difficile, mais plus libre, opinion/orateur/argument/auditoire.

Les possibilités d'intervention directe sur le lien orateur/auditoire sont nombreuses, bien connues, d'usage répandu et pas toutes parées des noirs atours de la manipulation des consciences. Les stratégies de séduction par exemple, si fréquentes en communication politique, sont argumentation si elles restent périphériques, en appui illustratif d'un argument, mais sortiront du cadre argumentatif si l'appel aux sentiments tient lieu d'argument et constitue le seul moyen de transport de l'opinion. La séduction en elle-même n'est guère condamnable et son usage dans le registre des sentiments est le plus souvent porteur d'une dynamique propice à l'établissement des relations.

Utilisée en dehors de son champ d'origine, la séduction devient une coercition et une violence là où l'argumentation pourrait être le lieu de rapports pacifiés. L'usage de la séduction conduit souvent à ce que l'on appelle l'amalgame. C'est là une vieille question avec laquelle la rhétorique se confronte depuis longtemps, sinon depuis son origine. En témoigne l'ancienne histoire grecque où le défenseur d'une femme très belle mais cruelle meurtrière de son amant, Praxitèle, faute d'argument pour convaincre les juges, dégrafa la robe de l'accusée pour la faire apparaître dans toute sa nudité. À sa question : « Pouvez-vous condamner une femme aussi belle ? », le jury répondit « non ». Il faut dire que la beauté avait des vertus antiques qu'elle n'a peut-être plus. Sauf à voir dans le ressort unique d'innombrables publicités contemporaines, qui montrent une jolie femme au côté d'une voiture, d'un lave-vaisselle ou de tout autre objet, en espérant une contamination, un amalgame de l'un sur l'autre dans le registre du désirable, une version modernisée de cette histoire antique. On peut bien rire du jury grec au nom de l'idée que nous nous faisons de la justice, mais on devrait moins sourire à la pensée que nous achetons en masse des produits sous le prétexte qu'on y a amalgamé malgré nous des séquences érotiques.

L'amalgame est par ailleurs un des ressorts du propos ou de la plaisanterie raciste, comme dans l'exemple du jeu de mots nauséabond lancé devant onze millions de téléspectateurs de TF1, dans une émission de Philippe Bouvard, où il est question des « musulmanes », « qui volent de supermarché en supermarché » (émission diffusée le 28 décembre 1994).

La propagande dans les formes extrêmement sophistiquées que lui a conférées le XXe siècle reste le modèle de référence de la manipulation du rapport orateur/auditoire en vue de lui faire accepter, bon gré mal gré, certaines opinions. La propagande réside essentiellement dans la manipulation mentale de l'auditoire, doublée le plus souvent de l'usage de moyens de coercition physique, afin de le conditionner à recevoir une opinion donnée. On a trop oublié, par exemple, que l'action redoutable des propagandistes du régime nazi, avec à leur tête le sinistre Goebbels, devait son efficacité sur le peuple allemand non seulement aux discours et aux mises en scène « esthétiques » de foules bien ordonnées, mais aussi au fait que la Gestapo et les autres polices politiques menaçaient d'internement ou pire tout opposant éventuel. Le conditionnement des foules passe aussi par la répression des auditoires.

L'intervention sur le lien argument/auditoire

L'autre moyen visant à faire perdre à l'auditoire la liberté d'adhérer à l'opinion proposée consiste à intervenir sur le rapport entre l'argument et l'auditoire, en somme à tourner celui-là de telle façon que celui-ci en soit prisonnier. Le recours fréquent en rhétorique aux figures de style, au point que les deux ont été longtemps identifiées l'une à l'autre, relève de cette démarche. Une opinion, pour être joliment présentée, en devient-elle pour autant un argument ? Là aussi, la tradition rhétorique est remplie de cette interrogation, à laquelle elle a trop souvent répondu par l'affirmative. Une variante de l'usage du style aujourd'hui est la « clarté » dans l'énoncé d'une opinion.

Claire, l'opinion serait d'emblée convaincante. Ce poncif médiatique est si répandu aujourd'hui qu'on ne voit plus à quel point la clarté et la transparence ne sont qu'un artifice de présentation qui nous emprisonne dans le message.

Les rhéteurs du passé se sont longuement penchés sur les sophismes et autres torsions du raisonnement qui contraignaient l'auditoire à accepter une opinion à partir d'un

Figure 4. — **Les limites de l'argumentation**

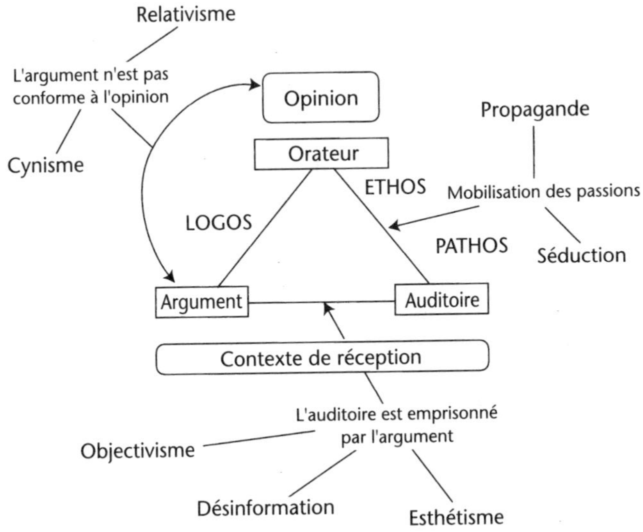

raisonnement faux. Le problème se pose moins aujourd'hui sous cette forme. Il n'en existe pas moins.

L'argumentation : un raisonnement de communication

Vouloir définir radicalement l'argumentation à la fois comme un des éléments essentiels du monde de la communication et comme un exercice de la raison se heurte dès l'abord à une difficulté dont il ne faut pas sous-estimer la nature. Elle peut se formuler dans les termes suivants : l'argumentation existe-t-elle ? Rencontre-t-on, « dans la vie », un acte de communication qui soit uniquement constitué par un raisonnement, qui lie un orateur et un auditoire et qui permette de transférer une opinion d'un émetteur vers un récepteur ? Peut-on vraiment être convaincu, c'est-à-dire le plus souvent changer de position soi-même, par un argument ? Ou, autrement dit, n'y a-t-il pas, dans les relations entre les hommes, une illusion d'argumentation qui servirait à recouvrir le fait que, dans la communication, tout serait stratégie, séduction, pouvoir ?

Une rhétorique à dominante de raisonnement

La question n'est pas abstraite et elle poursuit les chercheurs en rhétorique depuis l'origine de cette discipline. Une certaine pensée sociologisante prend le relais aujourd'hui en soutenant une vision du réel où tout serait pur rapport de pouvoir, exercices de séduction ou usage de techniques manipulatoires. Cette vision laisse peu de place à l'argumentation, définie ici comme un raisonnement dans une situation de communication symétrique, où chacun est libre de ses opinions. Au risque de dérouter le lecteur, au moins dans un premier temps, on soutiendra ici qu'un certain doute subsiste sur l'existence d'un acte de communication autonome qui permettrait un libre jeu de l'argumentation. Ce doute est renforcé par le fait que les situations de communication, comme nous l'avons dit en introduction, sont complexes, composées de couches insécables et que toute la richesse de l'activité humaine y est toujours présente simultanément.

Ce doute, sur l'existence même d'un acte argumentatif, nous tenterons de le lever à l'aide de deux idées. La première s'appuie justement sur cette richesse des situations interhumaines qui inclut aussi le raisonnement, comme un des éléments structurants de la communication. La seconde idée est celle, plus fondamentale qu'il n'y paraît, de « dominante » : tout en impliquant la palette entière des réactions humaines, l'acte d'argumentation suppose une dominante de raisonnement et, parallèlement, une minoration de l'appel aux sentiments, au pouvoir ou même à la démonstration. Ces derniers éléments ne sont donc pas absents de l'acte argumentatif. On pourra même être tenté de réfléchir à la façon dont ces éléments mineurs peuvent être mis au service, sans pour autant le paralyser, du message de la dominante : convaincre par un raisonnement.

Dans cet esprit, argumenter, c'est d'abord donner à l'auditoire de bonnes *raisons* de croire à ce qu'on lui dit.

Convaincre avec raison

Malgré ces deux idées-forces, le doute pourrait encore subsister sur cette présence possible de la raison, du raisonnement, au cœur de l'acte de communication. C'est que, dans nos sociétés aujourd'hui, sur un strict plan en quelque sorte comptable, une part importante des entreprises qui visent à convaincre et sont mises en œuvre par nos contemporains a bien d'autres dominantes que l'argumentation. La publicité mais aussi la communication politique en sont de bons exemples. L'étude de l'argumentation est rarement séparable d'un intérêt pour la démocratie et, d'une façon plus générale, pour tout ce qui viendrait soutenir l'idée qu'un libre débat entre les hommes est possible et souhaitable. Argumenter, c'est mettre en œuvre concrètement l'égalité entre les hommes, du point de vue qui est sans doute le plus essentiel, celui de la parole, qui est ainsi rendue plus symétrique et, du coup, moins hiérarchique [Breton, 2003]. Argumenter, c'est également aussi contribuer à construire un monde dans lequel, dès qu'il s'agit de défendre une opinion, la raison l'emporte, lorsque cela est nécessaire, sur les passions ou l'esthétique, sans pour autant les nier.

La vraie difficulté est alors de concevoir un univers de raison qui soit distinct du raisonnement scientifique. Le rejet de la rhétorique, par Descartes, puis par la tradition scientifique, repose sur l'idée qu'il n'y a de raison qu'en science et que le reste n'est qu'affects et passions. L'espace public, comme espace de délibération démocratique tel qu'en ont rêvé les philosophes des Lumières, devait être le lieu où la science se déploie dans l'univers quotidien des humains. Ce projet, généreux mais abstrait, s'est heurté à deux difficultés majeures. La première est que les sciences exactes n'ont finalement pas grand-chose à dire sur l'homme en société, ni sur les raisons qui nous guident dans nos choix quotidiens. Elles butent sur la complexité de l'homme et de la vie en société. Et heureusement dira-t-on, car le risque d'un totalitarisme scientifique serait immense. Une société purement rationnelle serait probablement une utopie fatale à l'humanité.

La seconde difficulté tient à ce que les hommes en société ont de bonnes et de mauvaises raisons pour agir, au titre desquelles il faut compter les grandes valeurs que partagent les groupes humains. Bien sûr, ces raisons sont mêlées aux passions et c'est probablement bien ainsi. Le tout, pour reprendre cette notion de dominante dans la communication, est de savoir qu'il est possible et souhaitable qu'à certains moments nous soyons dans une communication à dominante de passion, minorant le raisonnement, et qu'à d'autres moments ce soit l'inverse. Les élans de générosité dont l'homme est capable, par exemple, l'emportent parfois sur la raison. L'exercice de celle-ci permet, en retour, d'éviter la violence des conflits partout où il est souhaitable de l'éviter.

Quel est le statut de ces « raisons » du quotidien qui ne sont ni des raisons scientifiques ni des passions rhétoriques ? La question n'est pas simple et les réponses ne seront pas universelles. Elles relèvent sans doute plus des actes que des dogmes, de la construction empirique que du modèle théorique. Une chose est sûre : la raison argumentative est, en creux, *ce que n'est pas* la raison scientifique ou la rhétorique des passions, en même temps qu'elle se distingue de la manipulation ou de la violence. Elle s'oppose ainsi à toute forme de coercition. L'espace ainsi défini est encore vaste. Nous gagnerions même, peut-être, à l'élargir encore.

II / Les familles d'arguments

Nous essaierons, dans ce chapitre, de comprendre comment la « mécanique argumentative » fonctionne. Comment, concrètement, convainc-t-on ? Disons-le tout de suite, personne ne possède la clé d'une compréhension intégrale de ce qui restera probablement toujours un mystère. Comme le dit fort bien Georges Gusdorf, de ce point de vue, « toutes les métaphysiques proposées au long des siècles semblent se solder par un échec [...] les réussites de la science ne doivent pas faire illusion à cet égard, car elles se limitent à des domaines restreints où règne une objectivité inhumaine [...] le sens de la parole humaine demeure donc irrésolu » [1952, p. 35].

Au fond, c'est mieux ainsi : si un jour argumenter relevait d'une maîtrise parfaite, nous ne serions effectivement plus tout à fait des humains. Beaucoup d'auteurs ont d'ailleurs décrit à ce sujet la rhétorique, puis l'argumentation, comme un « art ». La formule a le mérite de désigner la part d'invention que l'acte argumentatif contient et qui donc échappe à toute détermination (mais qui ne signifie pas, loin de là, absence de préparation ou de travail).

Dans cet esprit, nous proposerons une distinction entre l'analyse que l'on peut faire *après coup* d'une argumentation réussie, ou qui a échoué, et la possibilité de *prévoir* une argumentation. On peut dans ce domaine, semble-t-il, mieux analyser et connaître ce qui est advenu que prévoir avec certitude comment les choses se passeront. L'argumentation est une science d'analyse mais seulement un art prédictif. La question est donc autant « comment a-t-on convaincu ? », que « comment convaincra-t-on ? ».

Il n'en reste pas moins, comme nous y invitent tous les manuels de rhétorique ancienne, qu'une argumentation se prépare.

La définition de l'argument

Jusqu'à présent, la plupart des travaux portant sur l'argumentation se sont focalisés sur les arguments proprement dits, dont on a proposé, jusqu'à plus soif, des taxinomies. Derrière cela, il y a l'idée qu'un argument serait convaincant en lui-même, sans référence au contexte de production ou de réception. La théorie se réduit alors à n'être qu'un commentaire de texte, parti à la recherche d'une logique universelle. À l'inverse, des auteurs récents, dont l'apport par ailleurs à la linguistique est inestimable (on pense ici à Oswald Ducrot), ont défendu avec brio l'idée que tout, dans la langue, est argument.

D'une certaine façon, cela est juste, tant l'homme est tourné, grâce à son langage, vers les autres. Mais il nous faut donner à ce terme un sens plus précis, et rétablir, un peu artificiellement certes, des frontières pour distinguer, du point de vue de la communication et de son intentionnalité, les actions humaines qui visent à faire partager une opinion par autrui de celles qui ne visent qu'à informer, à séduire... ou à ne rien dire du tout.

Il nous faut donc revenir sur la définition de l'argument, mais, conformément à la démarche de ce livre, aller au-delà et saisir l'acte d'argumenter dans toute sa dynamique de communication. Que désigne exactement le terme « argument » ? Pour plus de clarté, on distinguera ici entre deux niveaux de définition, habituellement confondus :

— celui du contenu de l'argument, les opinions elles-mêmes ;

— celui du contenant, le « moule argumentatif » qui va donner sa forme à la thèse proposée.

Par commodité, on désigne souvent, dans la littérature consacrée à ces questions, par le terme d'argument ce qui n'est qu'une partie de celui-ci : le moule argumentatif. On a même donné des noms à ces différents moules. Ainsi, on parle de l'« argument quasi logique » ou de l'« argument *ad hominem* », ou encore de l'« argument par l'exemple ». Ces termes désignent chacun une forme spécifique dans laquelle une opinion défendue peut être en quelque sorte « coulée ».

À titre d'illustration, si l'on soutient qu'il faut libéraliser la consommation de cannabis en s'appuyant sur le cas d'un pays où cette mesure a donné de bons résultats, comme la Hollande, on utilise pour défendre cette thèse une forme argumentative repérée comme un « argument par l'exemple ». On aurait pu tout aussi bien utiliser l'« argument d'autorité » en disant que tel grand professeur de médecine, compétent et peu suspect de partialité, s'est prononcé en faveur de cette libéralisation. Dans les deux cas, il s'agit de la même thèse (il faut libéraliser la consommation de cannabis) mais les formes choisies pour la faire partager sont différentes.

Pour ajouter à la confusion, le terme « argument » est aussi utilisé pour désigner, dans le langage courant, l'ensemble constitué par l'argument et son contenu particulier. On félicitera un homme politique pour avoir trouvé un « bon argument » à opposer à son adversaire. Dans ce cas, on parle à la fois du contenant et du contenu. Par souci de clarté, on utilisera le plus souvent, dans ce chapitre comme dans les suivants, le terme « argument » dans son acception technique, qui sert à désigner un moule ou une forme argumentative donnée, et non l'ensemble du message.

La *nécessité d'une classification*. Faut-il distinguer et nommer chaque argument ? Il est vrai que la question peut se poser au regard de l'obsession taxinomique qui semble s'être emparée des auteurs tout au long de l'histoire de la rhétorique. Certains auteurs actuels n'échappent pas à cette tendance, bien utile lorsque l'on veut analyser avec précision un texte, un discours, une parole, dès lors qu'ils se veulent argumentatifs.

On pourra toutefois objecter que les situations de communication qui ont pour objectif de convaincre sont toujours complexes et que les réalités humaines ont comme particularité d'être le plus souvent insécables. Cette dimension, qui fait de l'homme un objet incompréhensible pour les sciences exactes, au moins à ce niveau, se retrouve dans l'emploi des arguments. Quels que soient les efforts de taxinomie dans ce domaine, on constate que la rencontre avec de « purs arguments » est rare. L'argument par l'exemple implique toujours une sorte de comparaison, il est en soi un appel à l'autorité du fait exemplaire. En cherchant bien, on y trouvera une pointe d'analogie, voire un raisonnement métaphorique. Bref, tout est dans tout et on peut parfois discuter sans fin, dans l'analyse d'un texte, sur le fait que l'on est en présence de tel ou tel argument.

Cela veut-il dire qu'aucune analyse n'est possible ? Certes non, car il y a toujours, du moins souvent, des dominantes, qui nous font dire qu'il s'agit plutôt d'un argument par l'exemple, ou plutôt d'une comparaison. De plus, toute la richesse de l'interprétation tient justement à ce qu'il y en a plusieurs possibles. Enfin, on constatera que si certains arguments sont proches les uns des autres, au point de se confondre parfois, il y a néanmoins des grandes familles d'arguments qui se distinguent par la nature du raisonnement qu'ils mettent en œuvre.

Quatre grandes familles d'arguments

On proposera ici une classification simple, rustique, en principe facile à mettre en œuvre dans l'analyse. Nous retiendrons en effet quatre grandes familles d'arguments : les arguments qui s'appuient sur une autorité, ceux qui font appel à des présupposés communs, à une communauté, ceux qui consistent à présenter, à « cadrer » le réel d'une certaine façon et enfin ceux qui convoquent une analogie. Cette classification (autorité, communauté, cadrage, analogie) englobe, en les simplifiant, toutes les sortes d'arguments que décrit la littérature sur ces questions (lors d'une précédente édition de ce livre, nous avions nous-même présenté cette classification légèrement différemment). Ces familles d'arguments sont détaillées dans les chapitres suivants. Retenons déjà quelques différences majeures entre elles.

La famille des arguments d'autorité recouvre tous les procédés qui consistent à mobiliser une autorité, positive ou négative, acceptée par l'auditoire et qui défend l'opinion que l'on propose ou que l'on critique. La famille des arguments de communauté fait appel à des croyances ou à des valeurs partagées par l'auditoire, qui contiennent déjà, en quelque sorte, l'opinion qui est l'objet de l'entreprise de conviction. Les arguments de cadrage consistent à présenter le réel d'un certain point de vue, en amplifiant par exemple certains aspects et en minorant d'autres, afin de faire ressortir la légitimité d'une opinion. La famille des arguments d'analogie met en œuvre des figures classiques, comme l'exemple, l'analogie à quatre termes ou la métaphore, en les dotant d'une portée argumentative. Quatre exemples permettent ici d'illustrer cette typologie.

Exemple A : l'autorité

Me Lemaire, avocat des parties civiles au procès des assassins présumés du préfet Erignac, cherchant à convaincre les prévenus d'avouer les conditions concrètes du crime, utilisa cet argument : « Ici ont été jugés des militants du FLN, et j'en ai défendu ; des soldats perdus de l'OAS, et j'en ai défendu. Ils n'ont jamais reculé, eux, devant leurs responsabilités, forçant l'estime de ceux qui les jugeaient » (*Le Figaro*, 5 et 6 juillet 2003). L'autorité convoquée est ici celles d'autres militants ayant commis eux aussi des actes graves (quel que soit leur bord) et qui, eux, ont assumé leur acte. Si, pour les militants corses qui sont dans le box des accusés, ces « autorités » sont reconnues comme telles, ils peuvent donc avoir la même attitude, honorable, qui « force l'estime ».

Exemple B : la communauté

Lorsqu'en septembre 2000 le gouvernement français doit prendre des mesures à court terme, contradictoires avec sa politique globale, afin de gérer au mieux politiquement le problème de l'augmentation massive du prix de l'essence, Béatrice Gurrey propose de ne pas y voir là une contradiction : « Il y a un temps pour tout, un pour résoudre des difficultés immédiates, un autre pour respecter un programme ; un pour préparer des échéances politiques internes et un autre pour agir dans le strict cadre de la solidarité gouvernementale » (*Le Monde*, 9 septembre 2000). L'argument s'appuie ici sur une formule type, presque un proverbe, qui énonce « qu'il y a un temps pour tout » et que donc une action peut être différente d'une autre, du fait de la séquence temporelle, sans qu'il y ait contradiction. Il s'agit là d'un très ancien présupposé commun, issu de la Bible et plus particulièrement de l'Ecclésiaste, long texte emprunt de sagesse et tout entier construit sur ce balancement : il y un temps pour vivre, un temps pour mourir, etc.

L'argument de communauté s'appuie souvent sur des valeurs, censées être partagées par beaucoup, comme lorsque Dominique de Villepin déclare, en référence bien sûr à l'intervention américaine en Irak, que « La primauté du droit n'est pas un aveu de faiblesse, ni un facteur d'impuissance. Elle est une exigence morale et politique, la condition de la justice, mais aussi de l'efficacité. Seule la justice, en effet, garantit une sécurité durable » (*Le Monde*, 27 mars 2003).

Exemple C : le cadrage

Le cadrage se reconnaît souvent au fait qu'il s'agit d'une description qui insiste sur certains aspects et laisse les autres de côté. Ainsi, dans un « point de vue » destiné à défendre le rôle positif joué par la religion musulmane pour les jeunes Français qui la pratiquent, Dounia Bouzar choisit de mettre en avant un aspect spécifique de la situation, en l'amplifiant : « l'Islam a aidé de nombreux jeunes à se sentir Français. Pendant longtemps, ceux qui avaient grandi dans la double culture hésitaient à demander la nationalité française, évoquant pour motif la fidélité au pays d'origine... l'Islam est alors apparu pour certains comme un espace de liberté permettant de lier les deux mondes auxquels ils appartenaient. Son aspect non ethnique, transnational, leur a permis d'assumer pleinement leur inscription et leur attachement à la France, tout en préservant une composante commune familiale et historique : ce qui faisait lien avec les parents, ce n'était plus l'origine ethnique, c'était l'Islam » (*Le Monde*, 26 avril 2003). Elle opère ici un « cadrage argumentatif » favorable à son opinion. De la même façon, le Premier ministre français, Jean-Pierre Raffarin, embarrassé par les réactions suscitées par une « petite phrase » estimée injurieuse par ses opposants (« la France n'en est encore sur le chemin de son paradis qu'au purgatoire parce qu'il reste des socialistes »), tente

Les grandes familles d'arguments

Le schéma présente ici les grandes familles d'arguments ainsi que quelques-unes des catégories détaillées qui seront présentées dans les chapitres suivants.

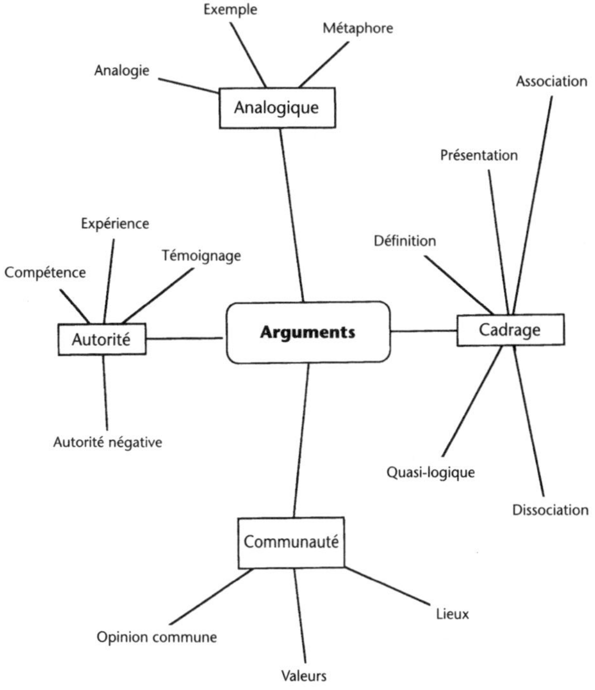

de recadrer son propos : « il ne visait en aucune manière à offenser qui que ce soit... Sortie de son contexte, cette phrase pouvait être injurieuse. Dans son contexte, elle n'a pas de signification politique » (*Le Monde*, 2 juillet 2003). Il propose une disjonction du réel pour tenter de convaincre qu'il ne se voulait pas « blessant ». Le cadrage est une description orientée utilisée dans un domaine où il n'y a pas d'objectivité possible.

Exemple D : l'analogie

Fernando Savater, pour défendre l'idée selon laquelle les militants de l'ETA font régner un tel climat de terreur que beaucoup d'opposants doivent vivre cachés, utilise une analogie frappante : « Au Pays basque, en pleine Europe démocratique, nous avons actuellement des douzaines de Salman Rushdie. C'est le règne de la peur » (*Le Monde,* 17-18 décembre 2000). L'analogie va toujours chercher un élément extérieur, une situation, qui n'a rien à voir avec le cas présenté mais dont on sent bien qu'un lien souterrain fort peut s'établir. L'analogie est ici condensée en une métaphore qui fait des opposants à l'ETA des « Salman Rushdie » (écrivain dont on se souvient qu'ayant écrit un livre jugé hérétique par certains islamiques radicaux, il est obligé de vivre protégé et caché depuis des années).

De la même façon, utilisant une analogie pour dire tout le mal qu'il pense de la situation judiciaire permettant à plusieurs élus italiens d'exercer malgré tout leur mandat en dépit de leurs démêlés avec la justice, l'ancien procureur de Milan, Antonio Di Pietro, déclara un jour que « dans ce pays, quelqu'un qui a été condamné n'a pas le droit de devenir pompier, mais rien ne l'empêche de devenir parlementaire » (*Le Monde,* 1er juillet 2003).

Repérer des arguments

Le texte qui est reproduit dans l'encadré ci-après comporte tous ces types d'arguments. Il s'agit pour les deux personnesinterwievées ici (respectivement président et président exécutif de la Fédération internationale de l'industrie phonographique, interrogés par Véronique Mortaigne, *Le Monde,* 20 octobre 2000) d'argumenter contre ceux qui copient, *via* des sites Internet comme Napster, de la musique par ailleurs protégée par le droit d'auteur. Leur argumentation, notons-le, a fini par porter ses fruits puisque Napster a cessé d'être dans l'illégalité (et a dans un premier temps perdu la moitié de ses clients). L'argumentation reste toutefois valable contre tous les sites qui reprendraient à leur compte le même procédé. Pour le contexte de ce débat, voir Breton [2000].

Exemples d'arguments

Le Monde : Le piratage inclut-il Napster et Gnutella, logiciels « de partage » où l'internaute peut échanger gratuitement les trésors de sa discothèque avec son voisin ?

Jay Bermann : Toute diffusion non autorisée est un acte de piraterie. Dans le cas de Gnutella et de Napster, aucune loi sur le copyright n'est respectée. Ce sont donc des pirates. Et ce n'est pas parce qu'une technologie rend une opération possible que le procédé est moralement légitime.

Rupert Perry : Sur Napster, les créateurs n'ont pas leur mot à dire sur la manière dont la musique est consommée, ils ne perçoivent aucune compensation financière — ce qui ne s'est jamais vu en musique, même au temps de Beethoven. Des millions et des millions d'internautes sont en train d'utiliser notre musique au mépris du travail créatif. C'est du vol. Pourquoi le tolérerait-on ? A moins qu'au XXIe siècle, une poignée d'individus ne décide que le vol est un mode de vie. Pour le moment, vous n'allez pas vous servir dans les rayons du Virgin Champs-Élysées en disant : « Maintenant la vie et l'économie ont changé, la musique est gratuite. » C'est un non-sens absolu.

Le Monde : Napster est pourtant très populaire chez les jeunes Américains. N'y a-t-il pas une « génération Napster » ?

J. B. : En aucun cas. La réalité est plus simple. Si vous mettez quelqu'un devant un bar et que vous lui dites : « servez vous, ce whisky est gratuit », il va se servir. Or, rien dans la vie n'est complètement gratuit. Croyez-vous que ceux qui ont investi dans Napster agissent par générosité et bonté ? Non. Ils veulent créer leur marque, valoriser leur capital. Or, il est très facile de gagner de l'argent quand vous ne déboursez pas un sous pour acquérir la marchandise que vous vendez — ici, la musique, par eux dépréciée, banalisée. Des artistes, tels Metallica ou Dr Dre, se sont d'ailleurs élevés contre cette prétention à instaurer un pseudo nouveau mode de consommation. MP3.com, depuis sa création, a d'ailleurs modifié sa conception du « gratuit » et a passé des accords de licences avec les industriels du disque et les éditeurs. Nous voulons évidemment rétablir une relation légitime avec le monde virtuel, sans avoir recours aux tribunaux — et nous n'intentons pas d'action en justice contre des particuliers, mais contre des serveurs.

Le Monde : La piraterie *on line* est-elle plus dangereuse que la piraterie classique ?

J. B. : Aujourd'hui, le plus gros du commerce de la musique continue de se faire par l'intermédiaire des produits physiques (CD, cassettes, vidéos). La capacité de production mondiale est deux fois supérieure à ce que le marché peut absorber — les pirates et le crime organisé mettent en circulation près de 500 millions de CD chaque année… potentiellement, la piraterie en ligne est très dangereuse : des millions d'internautes peuvent être touchés à partir d'un seul individu. Selon nos évaluations, 25 millions de fichiers illicites sont en circulation sur Internet.

Analyser un texte argumentatif

Ce texte (encadré p. 47) est clairement argumentatif. Ses deux auteurs y défendent une opinion qui s'adresse à plusieurs auditoires distincts. Il s'agit de convaincre que les activités de sites Internet comme Napster sont illégales et moralement condamnables. Nous pouvons lui appliquer, pour rechercher les différents arguments, la grille proposée plus haut.

On repérera par exemple deux arguments d'autorité. Le premier fait appel à Beethoven, qui lui-même percevait des compensations financières pour la musique qu'il créait. Le second argument d'autorité, qui s'adresse cette fois-ci à une autre partie de l'auditoire, consiste à souligner l'hostilité à ce type de diffusion de la musique, d'artistes très appréciés par les jeunes comme Metallica et Dr Dre.

Nous sommes en plein dans le fonctionnement du type d'argument qui mobilise une autorité à la fois reconnue par l'auditoire et qui défend précisément l'opinion qu'on lui propose de partager. On notera ici que les auteurs de l'argument s'adressent à deux auditoires aux cultures musicales différentes. Une même opinion peut bien sûr se diffracter dans toute une série d'arguments, y compris de la même famille.

On trouvera dans ce texte également plusieurs analogies, assez visibles, car elles font appel à un élément extérieur à l'univers de la musique, comme par exemple l'analogie avec le bar. Chacun s'accordera dans l'auditoire pour considérer que la gratuité des boissons dans les bars et d'ailleurs des CD dans les grands magasins, est une situation absurde. Cet accord préalable est transféré sur la question de la gratuité de la musique sur Internet. De la même façon que l'on admet que, dans le premier cas, la gratuité est absurde, on admettra que, dans le cas considéré, elle l'est aussi.

Comparer la diffusion de musique non autorisée à un acte de « piraterie » pourrait être considéré comme une analogie avec l'action des pirates qui pillaient (et dans certains endroits pillent encore) les bateaux de commerce sur la mer. Mais cette analogie n'est pas vraiment nouvelle, elle est passée dans le vocabulaire courant, comme synonyme d'acte illégal et condamnable. C'est donc ici plutôt un argument de cadrage, qui qualifie sous un certain angle l'acte qui consiste à diffuser gratuitement de la musique.

Autre cadrage, cette dissociation qui nous est proposée entre la possibilité technique et son caractère moralement légitime. Le cadrage est pertinent dans une situation générale où l'on a tendance à croire, notamment avec les nouvelles technologies, que tout ce qui est techniquement faisable devrait être considéré effectivement comme légitime.

Cadrage, par association cette fois, l'énoncé qui lie ici dans une même phrase « les pirates et le crime organisé ». Sous un certain angle, effectivement, chacun de ces deux mondes fait la même chose : contourner la loi du copyright et voler des biens appartenant à d'autres. L'association, qui s'appuie ici sur la réprobation générale que le crime organisé suscite, permet de transférer cette approbation préalable sur les pirates d'Internet, qu'autrement nous aurions tendance à considérer comme des personnes exerçant simplement leur liberté de communiquer dans le monde « virtuel ».

Les auteurs nous rappellent d'ailleurs, dans un autre cadrage, que des sites comme Napster n'agissent pas au nom de cette liberté que revendiquent les internautes, mais en fonction d'intérêts financiers bien compris. Cette dernière figure est susceptible d'éloigner de ce site les internautes épris de liberté, en leur montrant qu'il ne partage pas leurs valeurs.

On remarquera, à l'occasion de l'analyse — non exhaustive — de ce texte qu'il est largement constitué par des arguments de cadrage, qui, d'une façon générale, forment statistiquement la famille d'arguments la plus importante dans la langue. L'analogie et l'autorité sont plus rares, ce qui ne veut pas dire qu'elles soient moins frappantes, si elles sont utilisées à bon escient. Par ailleurs on ne trouve pas ici, au sens strict, de véritables arguments de communauté.

Le mouvement des arguments

Aussi précise soit-elle, toute typologie ne peut contenir tous les cas de figure, surtout dans le domaine du langage, par essence toujours en mouvement. Certains arguments sont à la frontière entre deux catégories. Lorsque Philippe Boucher, directeur du

Comité national contre le tabagisme, propose, pour la critiquer radicalement, de regarder l'industrie du tabac comme : « la seule industrie qui ne retire pas du marché un produit après s'être aperçu qu'il était défectueux ou dangereux » (cité par Laurence Folléa, *Le Monde*, 16 mars 1996), de quelle sorte d'arguments s'agit-il ? Un cadrage, qui consiste toujours à insister sur certains aspects, qu'on juge les plus déterminants, et dont la mise en avant conforte évidemment la thèse que l'on veut défendre, ou une analogie, ici avec d'autres industries ? L'argument est intermédiaire et on ne s'épuisera pas dogmatiquement à vouloir le rentrer à toute force dans l'une ou l'autre catégorie.

De très nombreux cas d'analogies sont entrés dans le langage courant et forment la matière d'arguments de communauté, tout en restant, formellement des analogies. Ainsi on ne compte plus les « milieux du gué » qui nécessitent qu'on continue sans s'arrêter, comme lorsque Robert Hue affirme : « Le PC doit s'engager encore plus vite dans la voie du nouveau communisme. Je crois que c'est une nécessité. L'heure n'est pas, au milieu du gué, à reculer dans la mutation que nous avons engagée » (*Le Figaro*, 21 mars 2001), ou les œufs qu'il ne faut pas, c'est bien connu, « mettre dans le même panier », au risque, comme le dit Édouard Balladur en parlant de l'unification éventuelle de la droite dans un seul parti, « de les retrouver tous cassés » (*Le Figaro*, lundi 16 mars 1998). Certains arguments sont ainsi en mouvement, et ne font pas appel aux mêmes ressources pour convaincre suivant l'époque ou les circonstances.

Le détournement de l'argument

Une partie des techniques de manipulation, celle que nous avons appelée la « manipulation cognitive » dans un autre ouvrage [Breton, 2000] s'appuie sur un détournement de l'argument. L'auditoire croit avoir affaire à un argument, qui le laisse libre, alors que dans les faits il est confronté à un énoncé manipulatoire qui n'a que l'apparence de l'argument.

L'amalgame est une figure centrale de la manipulation cognitive. Il constitue, selon les cas, un détournement de l'analogie ou du cadrage, notamment du cadrage par association (voir chapitre VII), parfois de l'argument d'autorité. Pour ne prendre que cet exemple, de très nombreux amalgames vont chercher un phore repoussant du côté du nazisme et tentent ainsi de discréditer une opinion. Ce type d'amalgame se trouve dans des contextes extrêmement variés.

Ainsi Mike Moore, directeur général de l'Organisation mondiale du commerce associe-t-il (cadrage) « l'extrême gauche et l'extrême droite (qui) se sont unies dans les rues contre la mondialisation. Elles l'avaient fait pour la dernière fois dans les années 1930 contre la démocratie décadente » (*Le Monde*, 26 mai 2001). Ou, à l'autre bout de l'échelle sur ce sujet, Lori Wallach, présidente de l'association Global Trade Watch et militante anti-mondialisation, déclarant ceci : « Avant, chaque communauté pouvait avoir sa propre politique. Aujourd'hui, c'est le règne du *commerce über alles* » (cité par Patrice de Beer, *Le Monde*, 30 juin 2000).

L'analogie permet de transférer le contexte du phore, même s'il n'a strictement rien à voir et qu'aucune correspondance ne peut être trouvée, vers celui qui la tient. Ainsi, en pleine crise du Kosovo, au printemps 1999, le débat intellectuel français fut empli d'amalgames de ce type, qui n'ont pas honoré ceux qui s'y sont laissé aller. Particulièrement odieux et irresponsable, Bernard-Henri Lévy osa écrire (en faisant l'analogie avec l'écrivain collaborationniste Drieu La Rochelle) : « (Régis) Debray n'est pas Drieu. Ni Belgrade, Berlin. Mais enfin... d'une certaine façon, nous y sommes. Ce que nous vivions dans les livres, il nous est apparemment donné de le vivre dans la vie... suicide, en direct, d'un intellectuel. Dommage. Adieu Régis » (*Le Monde*, 14 mai 1999).

L'analogie avec cette période a beaucoup de succès, comme en témoigne Marc Blondel qui compare le CARE (contrat d'aide au retour à l'emploi) au STO (service du travail obligatoire, crée par Vichy).

La référence est également largement utilisée outre-Atlantique lorsque l'Agence de protection de l'environnement est qualifiée par un député texan de « gestapo du gouvernement » (cité par Dominique Durand, *Le Canard enchaîné*, 25 avril 2001).

Le nazisme représentant dans notre culture de l'après-guerre la figure du mal absolu, il n'est pas étonnant que certains cherchent d'une part à mobiliser un accord préalable de ce côté-là et d'autre part à construire un argument sur cette base. La plupart du temps rien ne justifie l'association proposée et le phore est bien trop loin de la situation. Mais l'émotion qu'il suscite spontanément permet en quelque sorte de réduire cette distance trop grande et de jeter un pont artificiel entre le thème et le phore. Le procédé peut paraître excessif et peu efficace, mais ceux qui se sont déjà fait traiter de « nazis » peuvent témoigner que la situation n'est pas si simple qu'il y paraît. Il reste que le procédé est bien techniquement manipulatoire et éthiquement détestable.

III / Le rôle de l'accord préalable

Il n'y pas d'argumentation possible sans un accord de l'auditoire. Il faut d'abord qu'il accepte de se placer en posture de débattre et d'être convaincu, ce qui ne va jamais de soi. Il faut parfois convaincre l'autre qu'il est légitime de vouloir le convaincre... Lorsque l'on est dans un contexte où l'usage des techniques de manipulation est fréquent (en politique, ou dans la vente par exemple), il n'est pas rare que les auditoires se protègent, instinctivement ou volontairement, de toute entreprise de conviction, y compris lorsqu'elles sont légitimement argumentatives [Breton, 2000].

À cet accord général de l'auditoire, il faut ajouter une autre sorte d'accord, appelé ici « accord préalable », qui relève de la technique argumentative proprement dite. L'observation montre qu'argumenter ne consiste pas seulement à mettre en forme, à couler son opinion dans le moule d'un argument, mais surtout, à appuyer cet argument sur un élément déjà accepté par l'auditoire. Concrètement, la recherche d'un accord préalable passe par l'identification d'un « point d'appui », à partir d'un thème déjà accepté par l'auditoire.

On notera qu'il y a très peu d'« auditoire universel ». On tente toujours de convaincre un auditoire donné, qu'il s'agisse d'une personne ou d'un ensemble de personnes. L'accord préalable ne concerne donc qu'une personne ou un ensemble de personnes.

L'accord préalable au cœur de l'argumentation

La reprise des exemples présentés dans le chapitre précédent permet de voir comment fonctionne cette recherche d'un point d'appui, qui est au cœur de la mécanique argumentative. Dans l'exemple A, on voit bien comment l'avocat convoque à la barre des personnalités militantes, certes abstraites, mais qui sont susceptibles d'être considérées comme des autorités aux yeux des accusés. Ces autorités constituent le point d'appui sur lequel repose l'argumentation, puisque ce à quoi ces autorités croient, ce qu'elles font, est précisément l'opinion que l'avocat veut défendre.

Dans l'exemple B, le point d'appui consiste dans l'acceptation de la croyance qu'il y a effectivement « un temps pour tout ». Celui qui ne la partage pas n'a aucune chance d'être convaincu par un tel argument. Cet accord préalable ne concerne qu'une communauté donnée, ici une communauté culturelle influencée par le texte de la Bible (à moins que d'autres cultures n'aient repris ce thème, ce qui lui conférerait une certaine universalité). De la même façon, Dominique de Villepin fait appel pour convaincre, à des valeurs supposées être partagées par l'auditoire auquel il s'adresse, le droit, la justice, qui sont des valeurs abstraites, l'efficacité et la sécurité, valeurs concrètes auxquelles le monde anglo-saxon est sensible. Si l'on donne son accord préalable à ces valeurs qui servent de point d'appui à l'argumentation, alors on pourra partager l'opinion qui leur est associée.

Dans le cas de l'argument de cadrage (exemple C), l'accord préalable, comme point de départ de l'argumentation, consiste dans le rappel d'un certain nombre de faits, que l'auditoire est supposé accepter comme constituant bien le phénomène décrit. Le cadrage est une « description orientée », distincte de la « description informative », contrainte, elle, à l'objectivité. Dounia Bouzar insiste ainsi sur le caractère « non ethnique, transnational » de l'Islam, qui permet donc à ses pratiquants de rompre avec une identité nationale d'origine tout en restant en lien avec la communauté des musulmans, donc des parents. Cette qualité propre à l'Islam est ainsi amplifiée, « majorée ». L'accord préalable qui est recherché porte précisément sur l'acceptation de ce caractère « non ethnique, transnational », qui sert ainsi de point d'appui à l'argumentation et amène l'auditoire à accepter, *in fine*, l'opinion selon laquelle l'Islam peut jouer un rôle positif dans l'intégration.

Le cadrage est souvent une proposition de recadrage d'un ensemble de faits acceptés au départ par l'auditoire. Celui-ci doit donc accepter également le mouvement de recadrage qui lui est proposé, qui ne doit en général pas être trop brusque et plutôt progressif. Encore faut-il admettre, dans le deuxième exemple C que dans le contexte où Jean-Pierre Raffarin parle, son propos n'a pas de « signification politique ».

L'analogie (exemple D) met toujours en rapport un thème (l'opinion défendue) et un phore (l'élément extérieur qui sert à composer l'argument). L'accord préalable doit impérativement être obtenu sur le phore, sous peine de rendre l'analogie inopérante comme argument. Beaucoup s'accordent à trouver le sort subi par Salman Rushdie injuste et terrible. L'analogie consiste à transférer l'indignation ressentie par l'auditoire à propos de l'écrivain sur la situation de ceux qui vivent cachés du fait des menaces de l'ETA. Certes, tout n'est pas comparable dans les deux situations, mais, justement, il ne s'agit pas d'une comparaison. L'accord préalable se double d'un second accord qui porte sur la légitimité de la mise en rapport du thème et du phore, de l'opinion proposée et de la situation analogue. L'auditoire peut juger que le sort de Salman Rushdie est intolérable, sans accepter pour autant la « comparaison » avec la situation au Pays basque espagnol. Antonio Di Pietro se sert d'un point d'appui particulièrement incontestable (une personne ayant subi une condamnation pénale ne peut pas devenir pompier). Son argument n'en a que plus de force.

La stratégie argumentative

La recherche de l'accord préalable est un élément important de la préparation et de la mise en œuvre de l'argumentation. L'analyse serrée du texte suivant (voir encadré p. 57) illustre dramatiquement cet aspect essentiel de l'argumentation.

L'histoire, vraie, de l'Allemand Oskar Schindler, a donné lieu récemment à la réalisation d'un film par Steven Spielberg (1993). Schindler y est présenté sous les traits d'un homme qui, pendant la guerre, par humanité, sauve de la mort à laquelle elles étaient condamnées, parce qu'elles étaient juives, près de 2 000 personnes. Du fait de ses choix, Schindler est placé dans une série de situations très inconfortables pour lui : il doit rester aux yeux des autorités le membre influent du parti nazi qu'il est effectivement et, en même temps il doit convaincre les mêmes autorités de laisser en vie un certain nombre de personnes, dans un contexte où la vie humaine n'a plus de prix.

Une des scènes de ce film, particulièrement fourni en situations argumentatives, mérite d'être analysée. Schindler, qui « sympathise » avec le chef d'un camp de travail, le SS Amon Goeth, tente de le convaincre de cesser de tuer arbitrairement des prisonniers déportés (notamment avec un fusil à lunette du haut de la terrasse de sa villa). Il ne peut évidemment pas employer des arguments « humanistes ». Ceux-ci n'auraient aucune chance de convaincre ce SS brutal, mais de plus ils mettraient en danger Schindler lui-même, qui dévoilerait ainsi sa véritable nature. Schindler va donc s'appuyer sur un accord préalable acceptable par le SS pour le convaincre de partager son opinion : il ne faut plus tuer les déportés arbitrairement.

La scène, qui dure deux minutes vingt et une, se déroule la nuit, sur la terrasse de la villa qui surplombe le camp. Amon Goeth est saoul, après une soirée passée à festoyer. En face de lui Schindler paraît tout à fait maître de lui. En arrière-fond, le camp avec ses miradors, ses baraquements et ses projecteurs qui illuminent l'ensemble.

Schindler profite évidemment d'une situation psychologique particulière, d'une part l'ivresse de Goeth, d'autre part l'admiration que Goeth lui témoigne de ce qu'il garde le « contrôle de soi ». Schindler profite de la perche tendue sans le vouloir par Goeth pour lancer alors une discussion sur la nature du pouvoir, qui va lui permettre d'en proposer à Goeth une définition.

L'accord préalable sur lequel Schindler va prendre appui est ici clairement la recherche du « vrai » pouvoir dans laquelle Goeth semble éperdument lancé. Mais qu'est-ce que le pouvoir ? Schindler va alors convaincre Goeth que le vrai pouvoir consiste à ne

Goeth *versus* Schindler

1. Amon Goeth (*saoûl, il vient de se relever à grand-peine et de s'asseoir*) : Plus je vous regarde... je vous observe... vous n'êtes jamais saoûl... Ah, c'est un vrai contrôle de soi... le contrôle et le pouvoir... ça, c'est le pouvoir...

2. Oskar Schindler : Et c'est pour cela qu'ils nous craignent ?

3. Amon Goeth : Oui, on a ce foutu pouvoir de tuer... c'est pour cela qu'ils nous craignent...

4. Oskar Schindler : Ils nous craignent parce que nous avons le pouvoir de tuer arbitrairement... Un homme commet un crime... il n'aurait pas dû... nous le faisons tuer et on se sent bien après... ou nous le tuons nous-même et on se sent encore mieux... ce n'est pas le pouvoir pourtant... c'est la justice... c'est différent du pouvoir... le pouvoir c'est lorsque l'on a toutes les raisons de tuer... et qu'on ne le fait pas...

5. Amon Goeth : Vous croyez que c'est le pouvoir ?

6. Oskar Schindler (*il se penche sur Goeth et le regarde droit dans les yeux*) : C'est celui qu'avaient les empereurs... un homme qui a commis un vol est amené devant l'empereur... il se jette aux pieds du monarque pour implorer la pitié... il sait qu'il va mourir... et l'empereur pardonne à cet homme... ce rebut de l'humanité, il le libère...

7. Amon Goeth : Je crois que vous êtes saoûl...

8. Oskar Schindler (*pendant la réplique il cesse de se pencher sur Goeth et ouvre les bras en déployant les mains*) : C'est le pouvoir Amon... ça, c'est le pouvoir... Amon le bon...

9. Amon Goeth : Il vous pardonne... (*il part dans un grand éclat de rire, après avoir fait le geste de bénir Schindler*).

pas tuer les autres même — et surtout — quand on pense avoir de bonnes raisons de le faire.

Schindler utilise d'abord (4) un argument de cadrage par dissociation : ce que les maîtres (usage du « nous ») exercent c'est d'un côté la justice, de l'autre le pouvoir. La justice consiste à tuer ceux qui « commettent des crimes », le pouvoir c'est « quand on a toutes les raisons de tuer... et qu'on ne le fait pas ».

Seule la première des deux définitions est acceptable, éventuellement, par Goeth. Elle sert ici à dédouaner le chef du camp des meurtres qu'il commet sur les déportés lorsque ceux-ci ont commis des fautes, même lorsqu'il ne s'agit pas de « crimes ». Rappelons que l'objectif de Schindler n'est pas que celui-ci arrête de tuer des prisonniers mais qu'il cesse de tuer sans raison et arbitrairement des prisonniers au hasard.

Ce cadrage permet de faire exister une catégorie nouvelle : le « vrai pouvoir ». À ce stade (5) Goeth n'est évidemment pas encore convaincu même s'il semble avoir accepté la première étape du raisonnement qui s'adresse à lui.

Schindler va utiliser (6) un autre argument, d'analogie cette fois, l'histoire de l'empereur qui pardonne au vaurien qui est à la fois coupable et à sa merci. Schindler donne à l'accord préalable une concrétisation sous la forme de l'empereur (auquel bien sûr Goeth est susceptible de s'identifier) et de son pouvoir bien réel, comparable à celui du chef de camp. Schindler, dans la réplique (6) utilise le ton intime et la proximité du corps pour intervenir sur la relation qui se noue à ce moment précis où Goeth commence à être convaincu.

Le SS cède (7) en acceptant les propos, sous réserve que Schindler serait saoûl (ce qu'il sait qu'il n'est pas). Schindler parfait la situation en appuyant (8) sur l'argument de définition précédent et en l'appliquant directement à Goeth : « Amon le bon... » et en effectuant un geste quasi biblique : bras ouvert, mains ouvertes.

Le chef SS émet alors (9) un message paradoxal en faisant d'une part un geste de pardon, qui vaut acceptation et partage de l'opinion de Schindler et en partant d'autre part dans un éclat de rire cynique.

L'argumentation de Schindler a donc abouti. Son opinion a dû toutefois, pour être rendue acceptable, recourir à l'exaltation de la toute-puissance de l'empereur, dont le pouvoir est tel qu'il peut justement renoncer à l'exercer et qui ne sera jamais aussi grand qu'au moment de ce renoncement. Il a donc reconnu, d'une certaine façon la légitimité de la toute-puissance et du pouvoir absolu du chef de camp. Mais avait-il le choix et cette toute-puissance n'est-elle pas la terrible réalité ? Parti d'un accord préalable sur la recherche de pouvoir, Schindler a montré que le pouvoir, c'est aussi la possibilité d'y renoncer...

Mobiliser une valeur contribue, comme le remarquait Pierre Oléron, à la renforcer. Nul doute que Schindler ne souhaitait pas, dans un tel contexte, renforcer la valeur de toute-puissance. C'est à ce prix pourtant qu'il obtient un résultat (de courte durée d'ailleurs puisque Amon Goeth reviendra rapidement à ses pratiques antérieures, après toutefois qu'une vie a été épargnée grâce à cette argumentation de Schindler).

IV / Les arguments d'autorité

La forme des arguments d'autorité est assez constante : l'opinion qu'on lui propose est acceptable par l'auditoire parce qu'une autorité la soutient et que cette autorité elle-même en est bien une pour l'auditoire. De ce fait, il accepte comme vraisemblable ce qu'elle lui propose. Comme nous l'avons vu précédemment, lorsque, critiquant le site Internet Napster (voir chapitre précédent), qui offre la possibilité d'accéder gratuitement à la plupart des CD commerciaux, le président de la Fédération internationale de l'industrie phonographique, Jay Berman rappelle que « des artistes, tels Metallica ou Dr Dre, se sont d'ailleurs élevés contre cette prétention à instaurer ce nouveau mode de consommation » (*Le Monde,* 20 octobre 2000), il fait appel à une autorité incontestable pour les jeunes qu'il veut convaincre.

De la même façon, dire, comme cette publicité TV canadienne qu'« Oral B est la marque que les dentistes utilisent le plus pour eux-mêmes », c'est invoquer une autorité légitime pour l'auditoire soucieux de la santé de ses dents. Dans les deux cas, l'accord préalable porte bien sur l'autorité, déjà acceptée par l'auditoire.

Plus culturel, l'argument de Dominique de Villepin qui énonce que « depuis toujours, seule la modération rend acceptable la puissance, comme l'affirmait déjà Thucydide : "Nous méritons des éloges, pour nous être montrés plus justes que ne l'impliquait notre puissance" » (*Le Monde,* 27 mars 2003), ne s'en appuie pas moins sur une autorité [l'historien grec Thucydide] largement acceptée, « depuis toujours », mais peut-être pas pour tout le monde...

Deux cas de figure sont possibles : ou l'orateur appuie sur son autorité propre le cadrage du réel, ou il convoque une autorité extérieure. Une troisième variante, qui constitue un puissant cas particulier, consiste à s'appuyer sur des aspects jusque-là cachés de l'autorité de l'auditoire lui-même pour lui faire accepter une opinion.

La nature de l'autorité elle-même va se subdiviser. S'agit-il d'une autorité appuyée sur un savoir ou une fonction exercée, qui donne ainsi une compétence large et une sorte de droit d'intervenir dans la construction du réel ? Ou s'agit-il d'une autorité acquise à l'occasion, comme l'autorité que confère le fait d'avoir été témoin d'une scène que l'on rapporte ? On voit qu'il ne faut pas confondre ici autorité et pouvoir.

L'usage de l'argument d'autorité dans une tournure *a contrario* consiste à utiliser une autorité négative pour disqualifier une opinion. On pourra parler dans ce cas d'argument *ad hominem* dont Reboul donne la version limite : « C'est aussi ce que disait Hitler ! » Les travaux de Gilles Gauthier montrent que son usage est fréquent en communication politique, qui est forcément de nature « conflictuelle et polémique » [1991].

Avec l'autorité, nous sommes dans le champ de l'argumentation, mais avec le pouvoir, nous en sortons pour rejoindre un monde où s'exercent la contrainte, la force et la violence. On peut « convaincre » l'autre en l'obligeant à croire ce qu'on lui dit (ou du moins à faire semblant). L'autorité en argumentation n'est finalement qu'une proposition faite à l'autre, libre d'en disposer. La limite entre ces deux modèles de conviction n'est évidemment précise qu'en théorie, la réalité étant toujours plus complexe.

On voit bien par ailleurs qu'avec les arguments d'autorité nous sommes à la frontière de ce contre quoi l'argumentation, justement, veut lutter. « Je crois ce qu'il dit parce que c'est lui qui le dit » est un schème argumentatif qui est toujours sur le fil du rasoir. Interrogés sur leur connaissance du programme électoral d'un candidat d'extrême droite, ses électeurs déclarent non seulement leur ignorance mais aussi leur indifférence : s'ils ont choisi ce candidat, c'est justement pour lui déléguer totalement le soin de faire de la politique à leur place. Il n'est pas leur représentant mais leur chef : on croit ce qu'il dit parce que c'est lui qui le dit. Il dit tout haut ce que nous pensons tout bas, c'est-à-dire ce que nous ne savons même pas que nous pensons (et que nous ne voulons peut-être pas penser nous-mêmes).

Une délégation de savoir

Mais, dans le même temps, nous ne cessons, à l'intérieur du cadre argumentatif, d'être convaincu par des arguments d'autorité. Il nous est en effet impossible de penser et de vivre en vérifiant par nous-mêmes tout ce que les gens que nous estimons « fiables » déclarent et que nous acceptons. Le refus radical de l'argument d'autorité n'est pas sans rapport avec la folie paranoïaque, qui fait suspecter chacun d'accusations et de tromperies à notre égard. L'acceptation de l'argument d'autorité fonctionne donc comme une « délégation permanente de savoir », qui s'oppose clairement à la soumission au pouvoir.

Dans ce sens, l'équation, devenue lieu commun, qui fait du savoir un pouvoir, n'a peut-être pas une grande pertinence dans l'espace argumentatif, pourvu que le savoir soit conscient de ses limites. Perelman remarque à ce sujet que « l'argument d'autorité est le mode de raisonnement théorique qui fut le plus vivement attaqué parce que, dans les milieux hostiles à la libre recherche scientifique, il fut le plus largement utilisé et cela d'une manière abusive, péremptoire, c'est-à-dire en lui attribuant une valeur contraignante » [1970, p. 411]. Ainsi Bossuet, parlant de Jésus, tente de convaincre ainsi : « Ne recherchons pas les raisons des vérités qu'il nous enseigne : toute la raison, c'est qu'il a parlé. »

Autorité et confiance

Les médias aujourd'hui, dans leur fonction de témoignage, donc d'information, sont l'institution qui recueille le plus cette délégation de savoir. En même temps, un point de vue critique pourra trouver qu'ils fondent de plus en plus leur autorité à la fois sur un monopole de fait du témoignage et sur un réel pouvoir dans la société.

Cette délégation de savoir pose le problème de la confiance, qui est une vieille question de rhétorique. Qu'un orateur « inspire la confiance », le cadrage du réel qu'il propose en sera d'autant plus acceptable. Ainsi, comme le rappelle Perelman, « souvent, avant d'invoquer une autorité, on la confirme, on la consolide, on lui donne le sérieux d'un témoin valable » [1970, p. 415]. Mais on n'oubliera toutefois pas que l'argument d'autorité, tel que nous le concevons ici, reste un argument et ne concerne pas ce qui est périphérique à l'argumentation et qui se concentre dans l'exorde ou la péroraison, destinée à « préparer l'auditoire » plus qu'à raisonner, en utilisant par exemple le prestige réel ou supposé de l'orateur ou de l'autorité convoquée. On distinguera donc ici trois types de raisonnement d'autorité : par la compétence, par l'expérience, par le témoignage. Chacun d'entre eux pose, à sa manière, la question de la confiance.

La compétence

L'argument de la compétence suppose en préalable une compétence scientifique, technique, morale ou professionnelle qui va légitimer le regard sur le réel qui en découle. L'opinion du professeur de lettres sur la qualité d'un roman, celle de l'ingénieur sur la sécurité d'un barrage auront plus de poids que celle du professeur de lettres sur la sécurité du même barrage ou de l'ingénieur sur le roman. Mais les experts se trompent aussi et ils ne sont pas toujours en accord, y compris sur les problèmes les plus épineux. Quoi qu'il en soit, l'homme compétent bénéficie d'une aura qui renforce ses opinions, même dans des domaines éloignés de sa compétence.

Pour soutenir l'opinion selon laquelle il faut « mieux traiter » José Bové, incarcéré pour divers délits, Francis-André Wollman, directeur de recherche au CNRS, chercheur en biologie végétale, argumentera ainsi : « voilà que seul celui qui a fauché des champs transgéniques et détruit des serres qui donnaient lieu à des expérimentations doit être mis en prison. Je suis chercheur et je tiens ces deux actions pour détestables et imbéciles. Ma profession me conduit à souhaiter que les questions politiques soulevées par le développement scientifique et technique se règlent par l'analyse et la négociation et non à coups de "raids militants" contre des dispositifs expérimentaux, quelle qu'en soit la nature. Pourtant je m'interroge sur les causes de cette répression sélective » (*Le Monde,* 2 juillet 2003). L'auteur de cet argument fait jouer doublement son autorité, à la fois sa compétence de « chercheur en biologie végétale » privilégiant l'« analyse et la négociation » et à la fois le fait qu'il trouve ces actions « détestables et imbéciles ». Il est donc peu suspect, de ce fait, de sympathie pour José Bové. Son « autorité » le rend donc libre de soutenir une opinion en partie en faveur de ce dernier.

Ce qui vaut pour les hommes vaut également pour les institutions, fréquemment utilisées dans les débats argumentatifs. Édouard Balladur, voulant argumenter en tant que Premier ministre de la réalité de la reprise économique, dira ainsi : « Ce n'est plus le gouvernement qui le dit, c'est l'INSEE et les statisticiens ne font de cadeaux à personne » (*Le Monde,* 25 octobre 1994).

On remarquera qu'il s'agit en fait d'un double argument, d'abord un constat de fait sur les statisticiens, enfin l'appel à leur autorité.

Curieusement, la pétition d'incompétence, qui consiste à déclarer son incompétence tout en donnant un avis sur la question, peut contribuer à rendre convaincant le propos. Encore faut-il qu'il ne s'agisse pas d'un procédé oratoire, mais bien d'une véritable vertu de modestie, appréciable en ces temps de rodomontades des experts et des technocrates en tout genre.

L'expérience

L'argument de l'expérience s'appuie moins sur une compétence, toujours suspecte d'être théorique, que sur une pratique effective dans le domaine où l'orateur s'exprime. « Moi-même, j'ai été mis sur écoute... », dit Me Vergès dans un exemple cité plus loin, pour défendre quelqu'un qui pose, justement, des dispositifs d'écoute téléphonique. Il a donc l'expérience des écoutes (mais pas la compétence) et peut arguer d'un réel sur lequel il a une sorte d'autorité. L'ancien combattant pourra appuyer sa dénonciation de la guerre, « qui n'est pas une partie de plaisir », par telle horreur qu'il y a vécue. L'équivalent dans ce cas de la pétition d'incompétence est l'argument de l'innocence : « Je ne connais rien au problème mais je peux dire que... » L'innocence équivaut ici à une stricte neutralité couplée à une sorte de « pureté » d'appréciation.

L'argument du témoignage

Le fait d'avoir été présent à une manifestation, un événement, confère une autorité certaine, qui fonde l'argument du témoignage. Le témoin d'un fait divers aura plus de poids pour en proposer le cadrage dans une perspective argumentative. Quelle différence y a-t-il entre l'expérience et le témoignage ? Tous deux font appel à une pratique concrète, mais l'expérience implique une durée et une accumulation là où le témoignage est ponctuel. L'argument peut aussi consister à dire... qu'on ne dira rien, tant les faits sont inexprimables, mais à appuyer malgré tout un raisonnement sur une absence de récit, qui rend paradoxalement le réel encore plus présent.

Un exemple curieux de l'emploi de cet argument est fourni par une scène de la pièce *Henry V*, de William Shakespeare. Les Anglais sont à Azincourt où, épuisés et en faible nombre, ils doivent affronter l'élite de la chevalerie française, qui leur barre le passage et est bien décidée à anéantir la poignée de survivants qu'ils sont. Henry V s'emploie donc à redonner le moral à ses troupes et à les convaincre qu'ils vont malgré tout gagner. Tout cadrage actuel du réel ne peut cependant, pour lui, être évoqué, tant la situation est désespérée. Henry V va donc mettre en scène au futur le témoignage d'un de ses soldats, devenu grand-père, à son petit-fils, sur la façon dont les Anglais ont battu à plate couture, contre toute attente, les Français à Azincourt. Convaincus par la réalité d'une scène qu'ils n'ont pas encore vécue, les troupes d'Henry V reprendront courage et iront, vainqueurs, à la bataille.

L'appel à une « autorité négative », ou la contestation du fait que telle autorité n'en est pas une, faute de compétence, d'expérience ou parce que son témoignage n'est pas établi dans de bonnes conditions, est un procédé fréquent en argumentation. Ainsi, pour critiquer le point de vue sur l'Algérie d'André Glucksmann et de Bernard Henry Lévy, qui rentraient d'un voyage sur place et constituaient donc *a priori* une bonne autorité pour en parler, François Gèze et Salima Mellah établirent que « ce n'est pas lors de voyages organisés et planifiés sous escorte policière qu'on peut recueillir des témoignages fiables » et qu'ainsi « il leur était difficile de "révéler" autre chose que la vérité officielle incriminant les seuls islamistes » (*Le Monde*, 23 décembre 2000).

V / Les arguments de communauté

L'appel à des présupposés communs est largement utilisé, notamment dans tous les cas où une communauté de pensée et d'action préexiste clairement entre l'orateur et l'auditoire.

L'appel à des présupposés communs mobilise donc un « effet de communauté », qui en fait une famille d'arguments somme toute assez conservatrice dans ses effets, puisque, comme le remarque Oléron, mobiliser une valeur pour argumenter contribue en fait à la renforcer [1993, p. 79]. Jouer à l'excès de cet effet de communauté peut faire sortir l'action de convaincre du champ de l'argumentation.

Quels sont les « présupposés communs » habituellement utilisés en argumentation ? On en distingue couramment trois types, les opinions communes, les valeurs, les « lieux ». Il est parfois difficile de ranger un énoncé qui fonctionne comme présupposé commun dans l'un ou l'autre de ces trois types idéaux. Le monde des idées et des croyances échappe souvent aux typologies trop serrées. Essayons tout de même de les distinguer.

Le recours à l'opinion commune

L'opinion « communément admise » est souvent un lieu dégradé, devenu lieu commun, à l'efficacité argumentative anémique. On l'admet, mais faiblement, car trop commun. Les proverbes, formules et maximes portent, au titre du « savoir populaire » (qu'il ne faudrait pas réduire à cela), ces lieux communs affaiblis par leur usage, comme par exemple « il ne faut pas mettre tous ses œufs dans le même panier ». Cette formule, un peu usée, peut néanmoins entraîner une certaine adhésion, dans des circonstances particulières.

De nombreux proverbes viennent à l'appui d'argumentations diverses. Ainsi Roland Dumas, à son procès en janvier 2001, répliqua : « C'est facile de critiquer la vie privée ! Mais je citerai la Bible : que celui qui n'a jamais péché me jette la première pierre, et j'ajouterai cette phrase : à ces mots tous se levèrent et s'en allèrent à commencer par les plus anciens » (*Libération*, 25 janvier 2001). Plus rustique, le maire de Nice, Jacques Peyrat critiqua son ex-adjointe, Jacqueline Mathieu-Obadia, démissionnaire, en stigmatisant « celle qui, telle une grenouille, a essayé d'être plus grosse qu'un bœuf » (*Libération*, 15 décembre 2000). Les formules s'usent d'être très employées, mais certaines gardent néanmoins une certaine portée, comme lorsque Daniel Cohn-Bendit déclara, pour les critiquer, que « les Anglais veulent le beurre et l'argent du beurre, l'Europe et pas l'Europe » (entretien sur Arte, 8 décembre 2000).

Ces proverbes existent dans toutes les cultures (l'argument de communauté est peut-être ainsi le plus ancien et le plus universel). Ainsi, Mouktada Al-Sadr, jeune dirigeant chiite irakien, très populaire dans son pays, proposa, pour argumenter de la nécessité que les Américains quittent l'Irak, le proverbe suivant : « que les Américains soient arrivés en libérateurs est une autre histoire. En fait, c'est l'histoire de l'homme qui a une souris chez lui et qui, ne sachant pas comment s'en débarrasser, invite un chat à pénétrer dans sa maison. Très vite, l'homme est heureux, car le chat a mangé la souris. Puis l'homme se retrouve à un autre problème : le chat ne veut plus quitter la maison... » (*Le Monde*, 1er juillet 2003). On notera que le proverbe est souvent, dans ses débuts historiques, une analogie, mais celle-ci s'est « refroidie » au fil du temps et a fini par devenir une croyance populaire, qui permet de fonder une argumentation d'une autre nature.

L'affirmation de valeurs communes

« Toute mesure qui permet de sauver des vies est une bonne mesure », déclare sur France-Info, le jeudi 27 novembre 1997, le porte-parole de la ligue contre la violence routière. Les valeurs communes, comme ici la vie, constituent un appui essentiel pour développer une argumentation.

Leur rappel est en soi un argument, qui cadre avec d'autant plus de force le réel que les valeurs ont souvent une portée très large ainsi qu'une force d'incitation puissante. Il n'est pas question ici de développer une cartographie des grandes valeurs qui, hier et aujourd'hui, sont utilisées couramment en argumentation. La tâche serait immense et en dehors du projet de cet ouvrage.

Rappelons simplement quelques grandes lignes. L'Antiquité grecque distingue trois valeurs essentielles, le vrai, le beau, le bien, qui sont autant d'idéaux vers lesquels l'homme doit tendre, mais qui sont en même temps des normes argumentatives. Telle opinion prendra sa vraisemblance et sa force de conviction d'être congruente avec l'une ou l'autre conjugaison de ces valeurs.

L'influence du christianisme mettra en scène la vertu comme valeur centrale. L'idéal de l'humanisme de la Renaissance s'articulera autour des quatre grands thèmes que sont la maîtrise de soi, la civilité, le goût de la beauté et la curiosité intellectuelle. Les Lumières associeront la vertu et la connaissance : l'*Encyclopédie* annonce « rassembler les connaissances éparses sur la surface de la terre afin que nos neveux deviennent plus vertueux ». Malgré la remise en question des valeurs inaugurée par Nietzsche et les discours contemporains sur la « perte des valeurs », celles-ci n'en jouent pas moins un rôle considérable dans notre société où elle fournissent des repères fondamentaux tout en fondant la plupart des normes sociales.

Le désirable et le préférable

Qu'est-ce qu'une valeur ? Pour Jean-Paul Resweber [1992], la valeur est une « figure du désirable ». Elle instaure en tout cas une hiérarchie du préférable, à l'aune de laquelle on évaluera les opinions et les comportements, les siens et ceux d'autrui. D'une façon générale, les valeurs participent d'un « être-en-commun qui constitue les bases de la culture et qui détermine les manières selon lesquelles les membres d'un groupe donné habitent un même monde » [Resweber, 1992, p. 17]. Sans valeur, ajoute cet auteur, il n'y a pas de communication possible « puisque le lien social n'existe qu'en réactivant les valeurs implicites, en les posant et les interprétant » [Resweber, 1992, p. 35]. Elles jouent donc un rôle essentiel dans l'argumentation comme activité de communication.

Les valeurs sont-elles universelles ? Cette question pose en retour celle de l'universalité comme valeur... Posons le problème autrement : il est universel qu'il y ait des valeurs. Dans ce sens, elles relèvent d'une anthropologie fondamentale. Mais chaque communauté, chaque groupe humain, même s'il s'agit, selon l'expression de Dominique Schnapper, d'une « communauté de citoyens », s'organise autour de valeurs spécifiques. De même, celles-ci évoluent dans l'histoire. Comme le fait remarquer Robrieux, « certaines valeurs se contredisent même parfois d'une époque ou d'une société à une autre : ainsi le travail, valeur née (ou renée) avec la société industrielle et admise aujourd'hui par l'ensemble du corps social, était méprisé des patriciens romains comme de la noblesse d'Ancien Régime. À notre époque, la politesse, valeur essentielle en Extrême-Orient, paraît parfois suspecte en Occident » [1993, p. 156]. Il n'y a pas plus d'argumentation universelle qu'il y a de valeur universelle. Aussi pourrait-on parler de « communauté argumentative » pour désigner un groupe qui partage un certain nombre de valeurs jugées suffisamment fondamentales.

Les communautés argumentatives

L'analyse faite par Uli Windisch des débats en Suisse, à l'occasion des « votations » au sujet de l'armée et de sa nécessité, montre bien comment deux communautés argumentatives s'opposent. L'auteur remarque que « les thèmes sur lesquels prend appui l'activité argumentative des partisans et des adversaires de l'armée sont peu nombreux, à peine une dizaine » [Windisch, 1995, p. 73]. Trois d'entre eux au moins sont des arguments qui font directement appel aux valeurs : les arguments « fondés sur une définition de la nature humaine », les arguments « théologiques », les arguments « éthiques ». Les partisans de l'armée évoquent par exemple une représentation de l'homme comme violent « par nature », alors que les pacifistes suggèrent de « continuer l'hominisation », à savoir le « passage du primate à l'homme », témoignant ainsi d'un point de vue optimiste. Nous sommes ici à cheval entre un argument par définition et l'appel aux valeurs. Les arguments « éthiques » dégagés par Uli Windisch font appel aux valeurs de non-violence, de force de l'esprit, de tolérance.

L'un des énoncés du débat analysé par ce chercheur est ainsi formulé : « La non-violence positive exercée en cas de conflit et face à la violence de l'adversaire est tout au contraire créatrice de relations profondes entre les personnes, de solidarités, de communion de pensée, de communauté » [Windisch, 1995, p. 75]. Cet exemple illustre bien le propos de Reboul pour qui « les valeurs sont au fondement et au terme de l'argumentation » [1991, p. 167]. Fonder une argumentation sur une valeur conduit à l'activer et à lui donner encore plus de poids.

Valeurs conservatrices et valeurs révolutionnaires

Les théoriciens de l'argumentation ne dédaignent pas classer les valeurs non du point de vue philosophique et moral, mais en fonction de leur usage dans l'action de convaincre. Ainsi, Perelman distingue entre les « valeurs abstraites » comme la justice et la vérité et les « valeurs concrètes », comme l'Église, la France, la patrie. L'auteur ajoute que « les raisonnements fondés sur des valeurs concrètes semblent caractéristiques des sociétés conservatrices. Par contre, les valeurs abstraites, qui servent plus aisément à la critique, seraient liées à la justification du changement, à l'esprit révolutionnaire » [1988, p. 42].

Pierre Oléron propose quant à lui une typologie des « concepts flous » sur lesquels s'appuie l'argumentation qui recoupent en grande partie l'univers des valeurs : la vie (genèse, valeur), l'homme (origine, destinée, droits), la justice (implications morales et sociales, mise en œuvre), la paix (formes, conditions), la nation (sa valeur, ses limites), la nature (exploitation, protection), la liberté, la responsabilité, la mort (droit d'en disposer), le bien, le mal, le châtiment, le pardon.

Notons enfin que la question des conflits de valeurs est un élément important des débats argumentatifs. Par exemple, est-on libre de ruiner sa santé ? Dans le débat sur la légalisation de la drogue, on pourra opposer deux valeurs : d'une part, la santé, valeur concrète et fortement valorisée dans nos sociétés, et, d'autre part, la liberté, valeur abstraite qui est au fondement de nos démocraties. L'État ayant vocation de préserver la santé publique peut-il pour cela prendre des mesures qui restreignent les libertés ? Cette contradiction est à la base de l'argumentation d'Alain-Gérard Slama [1995], dans sa critique des normes qui étouffent selon lui la société démocratique, et pour qui il y a de toute façon conflit entre ces deux valeurs et qu'à tout prendre il faut choisir la liberté.

De la même façon, France Quéré tente de prendre l'Église catholique au piège des valeurs en invoquant la contradiction suivante : « Si l'avortement est une "faute", on ne comprend pas que l'Église s'entête à repousser ce qui en constitue jusqu'à présent la meilleure prévention, c'est-à-dire la contraception », qui constituerait une faute « moins grave » dans cet esprit (exemple cité par Lionel Bellenger [1992]). Mais c'est oublier que l'Église condamne toute faute et que sa doctrine actuelle n'accepte pas l'idée de tolérer un « petit » mal pour éviter un grand malheur. Les valeurs, ici, ne se partagent pas.

Les lieux

Quelle différence y a-t-il entre les lieux et les valeurs ? Pour Perelman, « en reculant vers ce qu'il y a de plus général, on aboutit, dans le domaine des valeurs, aux lieux du préférable, qui jouent un rôle analogue à celui des présomptions » [1988, p. 43]. Pour cet auteur, les lieux serait donc des valeurs, simplement un peu plus abstraites et incertaines. Robrieux les range parmi les « arguments contraignants » et souligne leur caractère

« éventuellement manipulateur », « dû à leur statut de présupposés, et donc à l'incertitude de l'accord des interlocuteurs sur leur validité » [1993, p. 159]. Pour Reboul, il s'agit « d'un consensus très général sur le moyen d'établir la valeur d'une chose » [1991, p. 168]. Les lieux et les valeurs ont en commun d'être des hiérarchies.

On distinguera par exemple le lieu de la qualité, souvent opposé au lieu de la quantité. Ainsi, dans un discours à l'Assemblée nationale, Nicolas Sarkozy, ministre de la Communication en 1994, répond de la façon suivante aux reproches du député Robert-André Vivien de ne pas intervenir plus rapidement dans le règlement de la grève des journalistes de la radio publique : « Ce qui compte ce n'est pas le temps qu'on met pour s'en sortir, mais la façon dont on s'en sort » (cité par Alain Salles, *Le Monde*, 30-31 octobre 1994).

Ce lieu de la qualité s'est d'ailleurs « dégradé » dans le proverbe qui énonce que « mieux vaut moins mais mieux. » C'est lui qui est mobilisé lorsque l'on dit par exemple qu'il ne sert à rien d'avoir de nombreux agents de la force publique dans la rue alors que quelques-uns, mieux employés, permettraient d'obtenir un meilleur résultat.

Quels sont les grands lieux sur lesquels s'appuie l'argumentation ? Reboul en distingue essentiellement trois : le lieu de la quantité, le lieu de la qualité, le lieu de l'unité. Ce dernier affirme que « ce qui est un, ou l'effet d'un seul, est par là même supérieur » [1991, p. 168]. Perelman en distingue quant à lui au moins sept, sans volonté d'ailleurs d'exhaustivité.

Le lieu de la symétrie

Un des lieux peut-être les plus caractéristiques de la société occidentale, probablement lié à son héritage démocratique grec, est le lieu de la symétrie, dont l'égalité, comme valeur, est dérivée. Ce lieu conditionne fortement notre exigence de réciprocité dans toute une série de situations concrètes, sans que nous sachions d'ailleurs toujours clairement pourquoi, ce qui montre bien le fonctionnement assez souterrain des lieux.

Selon Perelman, il s'agit d'une règle de justice, de nature purement formelle, selon laquelle « les êtres d'une même catégorie essentielle doivent être traités de la même façon » [1988, p. 80]. C'est par exemple l'objet du jeu de mots repris par L. Olbrechts-Tyteca : « Je n'arrive pas à comprendre comment la mendicité peut être un délit dans une société où la charité est une vertu » [cité par Perelman, 1988, p. 83], ou du mot de Quintilien qui dit que « ce qu'il est honorable d'apprendre, il est honorable aussi de l'enseigner ».

Le lieu de la symétrie est particulièrement visible dans l'exemple suivant, emprunté au débat sur la violence à la télévision et où Katleen McConnel, chercheur à l'université du Maryland défend le point de vue suivant : « Les villes de Detroit (Michigan) et Windsor (au Canada), qui ont poussé de part et d'autre de la même rivière, reçoivent exactement les mêmes programmes télévisés. Or la criminalité à Detroit est quatorze fois plus élevée qu'à Windsor. Même chose pour Chicago et Toronto » (cité par Olivier Péretié, *Le Nouvel Observateur*, 13-19 octobre 1994).

L'opinion défendue par l'auteur est ici que ce n'est pas la représentation de la violence à la télévision qui provoque la violence dans la vie quotidienne. Il va donc prendre l'exemple d'une ville américaine, Detroit, dont on dit que la criminalité, comme dans le cas des autres villes américaines, est provoquée par des programmes télévisés violents. Si, dans un cas, la télévision était cause de violence, elle devrait l'être également dans l'autre, c'est-à-dire dans celui de la ville canadienne de Windsor, « comparable » en tout point. Le principe de réciprocité empêche donc ici que la télévision soit, en général, une cause de la violence dans la société.

On remarquera à propos de cet exemple, de manière plus générale, l'utilisation d'une tournure dite *a contrario*. Elle consiste à prouver que l'inverse étant « faux », son symétrique était très vraisemblable. Il ne s'agit pas à proprement parler d'un argument mais plutôt d'une tournure, car celle-ci se superpose le plus souvent à un argument en tant que tel. Il y a là toutefois une forme prise par la déduction. Elle suppose que nous ayons véritablement affaire à un contraire, sous peine d'affaiblir, voire d'anéantir l'argument.

Les lieux comme croyance dans l'ordre de l'univers

L'existence des lieux, et surtout leur utilisation dans l'acte argumentatif, montre qu'ils sont rendus possibles par la croyance, assez unanimement partagée, selon laquelle le monde, l'univers symbolique dans lequel nous évoluons, est doté d'un certain ordre et que celui-ci est, au moins partiellement, connaissable. C'est de cet ordre que tentent de rendre compte, à leur manière, certes limitée, les lieux de l'argumentation, qui sont, d'une certaine façon, des outils de connaissance. Dans ce sens, ils contribuent à construire l'univers de référence que partagent les partenaires d'une communication. En revanche, le non-partage de ce lieu fondamental (« l'univers a un ordre ») fait sortir de l'espace argumentatif et ramène à la violence.

L'argument de communauté, celui qui s'appuie sur des présupposés communs, suppose un accord préalable avec l'auditoire sur le lieu ou la valeur qui est mobilisée chez lui. Il y a dans ce cas peu de « valeur ajoutée » puisqu'il s'agit simplement de montrer — et d'en tirer une efficacité argumentative — que ce lieu ou cette valeur inclut en quelque sorte l'opinion proposée. Cet argument a peu de chance de convaincre au-delà d'une communauté commune d'appartenance.

VI / Les arguments de cadrage

Là où le recours aux valeurs, aux lieux, à l'autorité admise implique le rappel d'un monde connu, commun, qui sert immédiatement de réel de référence, le cadrage du réel implique une nouveauté, un déplacement, un autre regard. Un bon exemple de cette démarche argumentative nous est fourni par Tom Sawyer, le jeune héros de Mark Twain, dans la scène où celui-ci est puni et doit blanchir à la chaux une vaste clôture en bois. La perspective du travail manuel à effectuer le dérange moins que le regard que ses camarades de jeu vont porter sur lui. Aussi le jeune garçon déploie-t-il vis-à-vis d'eux une stratégie visant à les convaincre qu'il ne s'agit pas d'un « travail » mais d'une activité plaisante et valorisante qu'on n'a pas tous les jours l'occasion de faire. Comme dit Mark Twain, « l'affaire parut alors sous un jour nouveau ». Ses camarades s'empressèrent non seulement de l'approuver, mais de l'aider et certains iront même jusqu'à lui payer une dîme pour pouvoir le faire.

Une réorganisation du monde

La construction d'un « univers de référence », commun à l'auditoire et à l'orateur, peut emprunter différentes voies. S'il y a construction, c'est qu'il n'y a pas accord sur des univers préalables comme dans le cas de l'appel aux lieux et aux valeurs, ou de la reconnaissance du poids d'une autorité. Tom Sawyer n'aurait probablement rien obtenu s'il avait fait appel au

« travail » comme valeur commune pour demander à ses camarades de l'aider. Il lui a donc fallu faire un pas de côté pour recadrer la situation (ce « pas de côté » est d'ailleurs élégamment mis en scène par Mark Twain, qui fait faire à son personnage, au moment stratégique, un pas en arrière pour inspecter son « travail » de peinture, de telle façon qu'il donne l'impression de se livrer à un loisir désirable).

Cette catégorie d'arguments implique une nouveauté pour l'auditoire. Ils le convoquent dans un monde auquel spontanément il n'avait pas pensé et dans lequel ses points de repère habituels ne fonctionnent pas, même si les « éléments » qui composent ce nouveau monde lui sont connus séparément. Ainsi, Robert Badinter, défendant un accusé menacé de la peine de mort décida de mettre les jurés devant leur responsabilité. Ils ne décidaient pas simplement d'une peine abstraite. Leur choix entraînerait une réalité, la mort par guillotine, qu'il ne voulait peut-être pas voir de près. Aussi argumenta-t-il, avec succès, en insistant sur le fait que « guillotiner, ce n'est rien d'autre que prendre un homme et de le couper, vivant, en deux morceaux » et en ajoutant : « À vous de décider si Patrick Henri doit être coupé vivant, en deux, dans la cour de la prison » [Badinter, 2000, p. 84].

L'argument de cadrage est probablement l'un des tout premiers à être utilisé comme outil rhétorique dans l'Antiquité. Quelle que soit la forme qu'il prend, il met toujours le même principe en œuvre : amplifier certains aspects qui méritent de l'être dans la réalité qui est présentée, minorer d'autres aspects. « Les malades sont au Sud, les médicaments au Nord », nous dit Bernard Kouchner à propos du sida (cité par Daniel Cohen, *Le Monde*, 13 septembre 2000), défendant ainsi par un cadrage approprié son opinion sur l'inégalité fondamentale dans ce domaine. Il minore ainsi qu'il y a aussi des malades au Nord (mais la plupart sont soignés) et des médicaments au Sud (très peu en proportion du désastre).

Mais, dira-t-on, n'y a-t-il pas de la manipulation à ne pas présenter les faits objectivement ? N'est-ce pas là « tordre le réel » ? À cela on répondra que l'argumentation, justement, ne vaut que pour les situations — très nombreuses —, où il n'y a pas un seul réel possible, mais où tout est question d'interprétation, de point de vue. Qu'est-ce que condamner un homme à mort dans une procédure judiciaire ? Y a-t-il une seule manière de voir la chose ? Lorsque l'ordre des faits est une évidence, lorsqu'une description objective est possible, nous ne sommes plus dans l'espace de l'argumentation mais dans celui de l'information, ou de la science.

Certes, la manipulation est toujours possible dans ces situations. Elle implique qu'au lieu de minorer on cache, ou qu'on présente une description argumentative comme une description objective, non discutable. L'argument de cadrage implique que son destinataire sache toujours qu'il s'agit d'une manière parmi d'autres possibles, même si l'on pèse de tout son poids en sa faveur.

Les arguments de cadrage seront rangés ici en cinq catégories, la définition, la présentation, l'association, la dissociation, les arguments quasi logiques.

La définition

La définition consiste à faire accepter une clôture, une « finition » (Quintillien appelait d'ailleurs cela la *finitio*). Elle constitue très souvent, y compris sur le plan du style, une réponse à une question. « Qu'est-ce qu'un combat ? », demande maître Holleaux, avocat des parties civiles, au procès de Boualem BenSaïd, accusé d'avoir posé des bombes, « les parties civiles ne peuvent admettre la définition du combat que nous livre Boualem BenSaïd. Un combat, c'est en face à face, et si possible à armes égales. Il n'y a pas de combat entre celui qui pose une bombe sur les rails d'un TGV et celui qui prend ce TGV pour aller travailler » (*Le Monde*, 17 novembre 2000). « Qu'est-ce que la fièvre aphteuse », demande José Bové, « c'est la crise d'un système de production qui va nécessiter de la part de l'Europe une réflexion approfondie sur le système d'agriculture qui a été mis en place en Grande-Bretagne mais qui se généralise malheureusement partout en Europe » (*Le Monde*, 6 mars 2001).

Il est clair, dans tous les cas, qu'il ne s'agit pas de proposer une définition objective d'un phénomène, mais bien d'insister sur l'aspect qui semble le plus déterminant pour le caractériser.

Ainsi, l'ancien procureur de Milan, Antonio Di Pietro, critique le fait que « dans "l'intérêt national" le procès [de Silvio Berlusconi] a été suspendu », et il ajoute un argument de définition : « Moi, je crois que l'intérêt national, c'était de demander à la justice de déterminer d'abord par qui nous sommes gouvernés » (*Le Monde*, 1er juillet 2003). Avec la définition, nous ne quittons pas le domaine de l'argumentation, qui est celui des choix possibles.

On prendra garde de ne pas confondre la définition comme outil de connaissance et l'argument de définition, qui est une construction du réel en vue d'argumenter. Cette confusion est pourtant entretenue par de nombreux auteurs qui, tout en mettant en garde contre le fait qu'il y a une définition « scientifique » et une définition « rhétorique », n'hésitent pas malgré tout à engranger l'ensemble de l'héritage.

La définition argumentative est bien distincte de la définition normative ou descriptive, qui suppose une identité contrôlable entre le défini et le définissant, alors qu'il s'agit ici de présenter le défini sous un jour propice à l'argumentation, sans pour autant leurrer l'auditoire. Est manipulation une définition argumentative qui se présente comme une définition normative ou descriptive et fait croire qu'elle l'est.

Certains orateurs, comme l'avocat Jacques Vergès, qui l'utilise souvent dans ses plaidoiries ou ses propos, sont coutumiers de l'argument de définition, qui constitue souvent, il est vrai, un solide appui. Interrogé sans complaisance, mais avec intérêt, par Jean-Louis Remilleux sur sa « sympathie pour des gens qui posent des bombes, [...] pour des assassins », celui-ci répond : « Échappons à la tyrannie des mots. "Terroristes", c'est ainsi qu'on appelle les amis de Carlos. C'est un mot qui a été inventé par les Allemands sous l'Occupation » [1992]. On créditera Vergès ici d'avoir oublié, ou de ne pas savoir, que le mot était déjà utilisé pendant la Révolution française.

Plus loin, il ajoute : « Le terrorisme est l'arme désespérée de résistants désarmés [...] l'attentat n'est pas un acte commis par un fou dans l'inspiration du moment. Un attentat est l'affleurement d'une contradiction, d'un conflit. Il pose une question politique. Les poseurs de bombes sont en fait des poseurs de questions » [1992].

La définition proposée ici, on le voit, fait appel à un lexique qui recadre le problème dans une situation connue, celle de la Résistance pendant la dernière guerre. À cela l'auteur ajoute une définition qui en fait un acte « raisonnable », c'est-à-dire relevant de raisons à rechercher et à élucider.

On voit bien, à travers ces exemples, ce qui distingue la définition rhétorique de la définition destinée à produire une connaissance. Le champ de la définition peut être très large et concerner aussi bien la « définition de l'humain ». Dans le débat sur l'euthanasie des anencéphales (enfants nés sans système nerveux central ni cerveau), le *Journal de l'Association médicale américaine* va se servir d'une telle définition pour justifier le prélèvement d'organes sur ces enfants : « L'utilisation d'un anencéphale nouveau-né en tant que donneur vivant est une exception limitée aux règles générales, compte tenu du fait que l'enfant n'a jamais eu et n'aura jamais l'expérience de la conscience » (cité par Jean-Yves Nau, *Le Monde*, 7 juin 1995).

L'usage de la définition est connu depuis longtemps et elle est déjà répertoriée par Aristote. Dans la tradition classique, par exemple dans la *Rhétorique à Herrenius*, la définition y est présentée commme embrassant « de façon concise et complète les qualités spécifiques d'une chose » [livre IV, 35]. Elle est présentée dans cet ouvrage comme une simple figure de style, sans rapport direct avec le raisonnement ou la preuve. Ainsi cet auteur « trouve cette figure utile parce qu'elle énonce complètement le sens et les propriétés de chaque chose avec une telle clarté et une telle concision qu'il semble qu'il aurait été inutile d'employer plus de mots et qu'on juge qu'il aurait été impossible de s'exprimer plus brièvement » [livre IV, 35].

On voit dans ce texte poindre un intérêt plus contemporain pour la définition objective, dont la rhétorique est sans doute la matrice. De nos jours, avec le développement des sciences et la place prise par l'information, il faut compter avec plusieurs genres de définitions, qui toutes ont leur légitimité, en fonction du contexte d'usage. La définition argumentative garde toute sa place à côté de la définition scientifique. Elle obéissent toutes deux à des rationalités d'ordre différent.

La présentation

La présentation des faits de façon à majorer certains aspects et à en minorer d'autres est une forme de cadrage particulièrement puissant. Présenter le « secteur du tabac » comme « la seule industrie qui ne retire pas du marché un produit après s'être aperçu qu'il était défectueux ou dangereux » (Philippe Boucher, directeur du Comité national contre le tabagisme, cité par Laurence Folléa, *Le Monde*, 16 mars 1996) est une qualification du réel qui permet d'isoler certaines de ses propriétés. Dans ce cas, comme dans celui de cet élu de Nouvelle-Zélande, Nick Smith, qui, en commentant la loi légalisant la prostitution, déclare que « la prostitution n'est rien d'autre qu'un viol payé » (*Le Monde*, 28 juin 2003), d'autres présentations sur le même thème sont évidemment possibles.

Qualifier implique parfois un certain développement des notions employées, comme dans l'exemple cité par l'auteur anonyme de la *Rhétorique à Herrenius* : « Vous n'avez pas montré du courage mais de la témérité, car le courage consiste à mépriser fatigue et danger en tenant compte de l'utilité et en mettant en balance les avantages, alors que la témérité consiste à braver les dangers en endurant sans raison la souffrance à la façon d'un gladiateur » [*Rhétorique à Herrenius*, livre IV, 35].

La limite de l'argument de qualification est qu'il doit renvoyer à une justification supposée et non être simple affirmation gratuite, choisie pour son adhocité à l'argumentation en cours.

La qualification est distincte de la définition, même si les frontières ne sont pas toujours si simples à établir. Qualifier la Sécurité sociale comme le fait Jacques Chirac, c'est aussi d'une certaine façon la définir : « La Sécurité sociale fait partie de l'identité de la France et du patrimoine des Français. Elle a sa place dans notre histoire, comme dans notre quotidien. Elle exprime notre génie national [...] face au chômage, face à l'exclusion, quand les liens traditionnels de solidarité se distendent, elle est bien le dernier rempart contre ce qui pourrait être un recul de civilisation » (discours à la Sorbonne en 1995 pour le cinquantième anniversaire de la Sécurité sociale, *Le Monde*, 6 octobre 1995).

La comparaison est une forme de présentation, à condition que soient mis en rapport des termes proches, appartenant au même univers. Si ce n'est pas le cas, on a affaire à une analogie.

L'argument de nomination est une forme de qualification. Donner un nouveau nom à une chose en requalifie, à certaines occasions, les qualités. Watzlawick cite l'exemple de la situation à laquelle Talleyrand, fin diplomate, est confronté en 1814, alors que les armées prussiennes occupent Paris. Ces dernières, remplies d'esprit de revanche, veulent faire sauter le pont d'Iéna, dont le nom leur rappelle de fâcheux souvenirs. Plutôt que de discuter sans fin le fondement de cette décision, Talleyrand prend immédiatement la mesure consistant à rebaptiser le pont, qui s'appelle dès lors « pont de l'École-militaire ». Ce recadrage place les Prussiens dans une situation délicate : leur culture militariste se satisfaisait peu de détruire un pont au nom si martial. Le pont fut sauvé et sert encore aux Parisiens.

L'argument de nomination implique souvent de véritables créations linguistiques. Ainsi Jean-Pierre Chevènement renomme la régionalisation, qu'il ne porte pas en son cœur, et évoque « la "landérisation" de la France... régression à la fois historique et morale » (*Le Monde*, 24 novembre 2000).

L'amplification

Perelman rappelle que, « pour créer la présence, il est utile d'insister longuement sur certains éléments qui ne sont pas douteux : en prolongeant l'attention qu'on leur accorde, on augmente leur présence dans la conscience des auditeurs [...] l'insistance peut résulter de la répétition, de l'accumulation des détails, de l'accentuation de certains passages [...] cette technique pour développer un sujet a reçu, dans la théorie rhétorique, le nom d'amplification. Il s'agit d'une figure de rhétorique qui utilise, en vue de créer la présence, la division d'un tout en ses parties » [1988, p. 51-52]. L'argument de l'amplification constitue une forme très convaincante de présentation du réel. Elle constitue une forme aiguë de la description argumentative.

Cet argument prend souvent l'aspect d'une « liste », comme lorsque Pascal Bruckner, André Glucksmann et Romain Goupil, dans un point de vue sur la « faute » qu'a constitué à leurs yeux l'opposition à l'intervention américaine en Irak, parlent de la deuxième guerre du Golfe comme d'un « formidable révélateur » : « Recrudescence de l'antisémitisme et de la haine ethnique, crise économique et sociale, profanation d'un cimetière militaire britannique, passage à tabac des Juifs et des opposants irakiens lors des grandes marches "pacifistes", alliance à revers avec le peu ragoûtant Vladimir Poutine massacreur de Tchétchènes, réception du despote africain Robert Mugabe à Paris, insultes publiques adressées aux pays d'Europe de l'Est coupables de ne pas nous obéir au doigt et à l'œil, notre grande nation n'est pas en train d'écrire une de ses pages les plus glorieuses » (*Le Monde*, 14 avril 2003).

Dans le même ordre d'idée, mais pour déduire une critique d'un compliment (et ne pas perdre le bénéfice de ce dernier), Alain Juppé, Premier ministre, brosse ainsi le portrait d'Alain Madelin, qu'il vient de « démissionner » de son poste de ministre : « Il faut de l'ardeur, mais aussi de la cohérence ; de l'ardeur mais aussi de la maîtrise ; de l'enthousiasme mais aussi de la ténacité ; de l'ambition, mais aussi de l'humilité ; de l'imagination, mais aussi du pragmatisme. Voilà en tout cas mon credo. Voilà ma philosophie du changement. On peut en imaginer d'autres. Mais avec moi ce sera celle-là » (*Le Monde*, 29 août 1995).

Cet argument serait d'ailleurs, en stricte technique rhétorique, une « congérie », c'est-à-dire la variante inverse d'une amplification : « On commence par énumérer les parties et l'on termine par une synthèse » [Perelman, 1988, p. 51-52].

L'expolition

La présentation utilise également l'expolition, déjà bien mise en valeur dès l'Antiquité par l'auteur de la *Rhétorique à Herrenius*, et qui « consiste à s'arrêter sur un même point tout en paraissant exprimer des idées toujours différentes. Elle se fait de deux manières : ou bien nous répéterons simplement la même chose ou bien nous parlerons de la même chose » [livre IV, 54]. Loin d'être un simple exercice de style, cette manière de présenter une thèse permet de produire un effet de relief, une vision d'une même idée sous plusieurs angles, bref, elle la « cadre ». Cet argument a également une dimension pédagogique essentielle, car elle est une répétition du même sens sous plusieurs formes différentes et permet ainsi une meilleure compréhension sans entraîner de lassitude. L'expolition est rarement seule, elle sert le plus souvent à lier d'autres arguments, qui, ainsi regroupés en faisceau, contribuent à forger une vision d'ensemble.

Ainsi, si je veux convaincre quelqu'un de ne pas se droguer, je pourrais évoquer « l'enfer de la dépendance : l'héroïne enchaîne ceux qui s'y adonnent régulièrement, elle fait perdre toute volonté. On est entièrement soumis à son emprise, c'est elle qui commande, on ne peut plus s'en passer ».

Le sens de chacune de ces propositions est globalement le même, certains termes sont des synonymes, d'autres s'appuient sur des métaphores, elles-mêmes construites sur un accord préalable (l'horreur de l'enfer). Mais ensemble elles brossent une vision globale du réel qui a toutes les chances de résonner dans l'esprit de certains interlocuteurs, qui n'avaient peut-être pas imaginé tout ce que recouvrait le terme de « dépendance », ainsi mis à la portée de l'imaginaire. L'image de la dépendance s'en trouve changée, « réexposée de façon plus vive et plus nette », s'appuyant sur un accord préalable, d'où découle aisément l'opinion qu'il ne faut pas se droguer. Notons que cet exemple vaut pour un auditoire sensible à l'exercice de la volonté, moins pour celui qui n'en ferait pas une vertu première.

Le chiasme

Cette figure de style, qui consiste à opposer symétriquement, en les inversant, deux termes, comme lorsque Pascal dit « Ne pouvant faire que ce qui est juste fût fort, on a fait que ce qui est fort fût juste », peut être mis à l'appui d'une description argumentative. « On dit "crime contre l'humanité" », nous dit Robert Badinter proposant la libération de Maurice Papon, « je dirais qu'il y a un moment où l'humanité doit prévaloir sur le crime » (*Le Monde*, samedi 13 janvier 2001), utilisant ainsi les ressources d'une description où l'on choisit de privilégier l'un des termes plutôt qu'un autre.

Il propose ainsi une inversion des priorités, figure que l'on retrouve dans beaucoup de chiasmes argumentatifs. Le chiasme peut faire fonctionner une opposition de termes, dans le but d'en écarter un pour promouvoir l'autre. Ainsi, pour protester contre le port du « foulard islamique » à l'école, Roger Sanchez et Jean-Claude Santana, affirment refuser « une école du droit à la différence qui masque en réalité la différence des droits, et notamment du droit des femmes » (*Le Monde*, 22 mai 2003). Le chiasme peut ne pas être dénué d'une certaine ironie argumentative, comme lorsqu'une universitaire de Téhéran, qui reste prudemment anonyme, imagine que « peut-être reviendrons-nous un jour aux temps prérévolutionnaires : sous le Chah, on buvait à l'extérieur et on priait à l'intérieur. Les Mollahs nous ont forcés à boire à l'intérieur en priant à l'extérieur » (*Le Monde*, 29-30 juin 2003). Certains de ces chiasmes tendent à devenir des lieux communs, des figures obligées (et donc des arguments de communauté), comme les innombrables « la force des arguments plutôt que les arguments de la force » ou, pour le critiquer, « le droit de la force plutôt que la force du droit ».

L'argument de la toute-puissance

L'argument de cadrage est riche et varié. Il peut s'appuyer par exemple sur une stratégie de présentation consistant à montrer à l'auditoire qu'il n'a vu toute la portée de l'un des points de vue auquel il tient fortement. En étendant la portée de ce point de vue, il en vient à inclure l'opinion qu'on lui propose. L'argument de la toute-puissance tient compte ici de cette description particulière qui amplifie, accroît la portée d'un de ses aspects. Il consiste à considérer l'auditoire, celui que l'on veut convaincre, comme « tout-puissant » sur la situation donnée et de déduire de cette toute-puissance qu'elle peut aussi inclure l'argument proposé.

Cela suppose que l'auditoire n'y ait pas pensé avant et éventuellement que la convocation de sa puissance l'oblige à accepter une thèse avec laquelle il ne serait pas forcément d'accord. Cet argument limite est souvent employé dans un contexte dramatique, où la force menace de l'emporter.

Une scène du film *La Liste de Schindler* illustre bien ce cas d'un appel au pouvoir de celui que l'on veut convaincre (voir chapitre III). La même structure argumentative forme le ressort dramatique de la première scène du film américain *Grand Canyon*. Un jeune bourgeois blanc est tombé en panne, avec sa Mercedes rutilante, dans une rue d'un quartier pauvre de Los Angeles. Cinq membres d'un gang qui passaient par là décident de le dévaliser et de lui prendre sa voiture. Un vieux dépanneur noir du quartier, appelé entre-temps, décide de convaincre le gang de le « laisser faire son travail et d'emmener la voiture ».

La stratégie argumentative du vieil homme, dans cette situation pourtant désespérée, est alors la suivante. D'abord il demande à s'adresser « au chef » et non à l'ensemble des hommes présents, ensuite il lui demande de fournir des « preuves » de sa puissance (par exemple que c'est bien son territoire, qu'il a bien une arme, que ses hommes lui obéissent effectivement, qu'il peut, enfin, décider « ce qu'il veut »), enfin il lui suggère que la véritable preuve de son pouvoir serait qu'il prenne la décision la plus improbable et du coup la plus forte : le laisser partir avec ce bien précieux que constitue la Mercedes. Le chef de gang ne résiste pas à cette occasion inespérée de montrer qu'il est vraiment le chef et donne l'ordre à ses hommes, stupéfaits, de lever le camp.

On voit bien comment la mécanique de l'argumentation fonctionne, dans ce qui constitue une véritable situation de communication. Elle s'appuie sur l'identification et l'insistance mise sur l'accord préalable (ici : le fait que l'auditoire a bien le pouvoir) ensuite sur la construction d'un cadrage qui part de cet accord préalable.

L'association

La création d'un « nouveau réel », qui est en fait une nouvelle combinatoire d'éléments préexistants, s'obtient également en opérant des regroupements, des rapprochements inédits. Comme le dit Watzlawick, « grouper les "choses" (dans le sens le plus général) constitue l'élément le plus profond, le plus indispensable, de notre perception et de notre conception du réel » [1975, p. 22].

Pierre Oléron insiste sur l'importance de la « mise en rapport » des faits ou des attitudes : « Une part de l'activité intellectuelle consiste à appréhender ou établir des similitudes ou des connexions entre les objets sur lesquels elle s'exerce. » Celles-ci ne peuvent cependant pas, selon lui, « être définies d'une manière parfaitement objective » et « l'argumentation joue sur cette relative indétermination » [1993, p. 97-98]. Michel Dubec, criminologue, tentera, lors du procès de Maurice Papon, de construire une association (en vue d'obtenir sans doute une qualification judiciaire inédite) : « Il existe un genre de criminels que définissent les caractéristiques suivantes : ils sont intelligents, polis et présentent bien ; ils exercent une grande séduction et, surtout, ils n'ont aucune haine à l'égard de leurs victimes. Ce sont les tueurs en série. Ce qui frappe à leur approche est la froideur du contact. N'ayant éprouvé aucune haine préliminaire, ils ne connaissent pas la culpabilité. Bien sûr... il serait absurde de vouloir réduire aux catégories de la criminologie la participation à un génocide. Mais il n'est pas impossible de penser que le motif criminel d'un être aussi singulier que le meurtrier systémique est enfoui en chacun de nous et peut trouver à s'exercer selon un mode opératoire qui présente quelque parenté avec les circonstances particulières du génocide. Le tueur en série n'a pas de lien personnel avec la victime. Il la distingue par un seul signe qui peut être une chevelure blonde ou n'importe quoi d'autre. Il ne la hait pas car au préalable il la dépersonnalise » (*Le Monde*, 18 novembre 1997).

Encore faut-il que l'association parte, dans l'auditoire, d'un accord préalable clairement établi. Lorsque le terme associé, qui sert d'appui, ne rencontre que peu d'écho, la portée argumentative de l'association en est diminuée d'autant. Lorsque Robert Pandraud, dans le débat sur l'enseignement de la langue corse rappelle que « dans les régiments d'infanterie de 14-18, quand beaucoup de soldats ne parlaient que le dialecte, le commandement avait les pires difficultés à se faire obéir » (débat à l'Assemblée nationale à propos de la langue corse, 28 mars 2001, *Le Monde*, 30 mars 2001), il prend le risque d'invoquer une référence qui apparaîtra comme trop ancienne à toute une partie de l'auditoire.

La « similitude entre des faits, des démarches, des institutions, des procédures » permet également, selon Oléron, de faire apparaître des « communautés de nature » [1993, p. 101]. L'auteur cite l'exemple de l'euthanasie, qui peut être considérée, ou non, comme un « meurtre » (ce qui nous rapproche de la qualification examinée plus haut). Pour lui, effectuer un rapprochement sans lien « dans le but essentiel de produire un effet sur l'auditoire » est un « amalgame », pur procédé de construction, sans rapport avec le raisonnement argumentatif.

Comme nous l'avons vu dans un chapitre précédent, les amalgames ne sont pas rares. La difficulté est qu'il n'y a pas une rupture nette entre association argumentative et amalgame. Le passage de l'un à l'autre se fait le long d'un espace continu où les bornes ne sont pas faciles à poser. De plus, ce qui est une association simplement considérée comme illégitime et sans fondement par une partie de l'auditoire, peut avoir un fort effet manipulateur sur une autre partie de cet auditoire.

Ainsi, parler, comme le fait Claude Lanzmann, du « cameraman arabe d'une chaîne française » à propos de Talal Abou Rahmed, employé local du bureau de France 2 en Israël, ayant filmé en direct la mort du petit Mohamed à Netzarim en 2000 (*Le Monde*, 2001), est-il une association convaincante de la partialité du reportage, ou un amalgame ?

En revanche, l'association, sur un modèle familier à l'extrême droite, que fait Jacques Peyrat, maire de Nice, à propos des manifestants contre le sommet de Nice à l'automne 2000, est clairement un amalgame : « Ces gens qui nous empoisonnent à longueur de temps, qui ne travaillent pas, ces feignants, ces paresseux, ces trublions, ces révolutionnaires... ce sont les mêmes méthodes, les mêmes gens qui ont fait basculer l'Allemagne nazie en 1936 » (*Libération*, 15 décembre 2000). De très nombreux amalgames utilisent une association avec le nazisme pour disqualifier une opinion ou une personne, comme par exemple Ben-Ari Yézékiel, dans le cadre de la polémique sur le conflit du Kosovo, en 1999, disant que « Régis Debray n'a pas besoin d'attendre une quarantaine d'années pour nier le génocide » (*Le Monde*, 22 mai 1999).

La dissociation

Pour créer un monde nouveau, en vue d'argumenter, nous avons vu l'importance de la définition et de la présentation. À l'inverse du rapprochement, de l'association ou de tout ce qui agrège entre eux des éléments, on trouvera les techniques de dissociation.

La dissociation des notions est une méthode de cadrage du réel qui, à partir d'une notion qui renvoie habituellement à un seul et même univers, permet de le « casser » et de générer deux univers distincts. Là où, dans un premier temps, l'opinion proposée ne trouvait pas de place, après l'opération de dissociation, l'opinion s'accordera avec l'une des visions du monde obtenue, ce qui est le but recherché. Perelman voit dans cette manière de faire un argument essentiellement philosophique, notamment à partir du couple « apparence-réalité », qui « constitue le prototype de toute dissociation notionnelle » [1970, p. 556]. Qu'il nous soit permis de voir dans cet argument une signification et une portée plus larges, qui lui fait rejoindre nos débats quotidiens.

L'exemple des rudes discussions autour de la « drogue » montre bien l'usage qui peut être fait de la dissociation. Pour les uns, la drogue est une notion globale, qui recouvre indistinctement haschisch, cocaïne, amphétamines, LSD, héroïne, etc. Le fait qu'il s'agisse d'un seul et même ensemble fonde l'argument souvent entendu du passage fréquent de l'un à l'autre : « Quand on a fumé du hasch, on passe à l'héroïne. » Pour les autres, une distinction s'impose absolument entre « drogues dures » et « drogues douces » (la dissociation s'accompagne d'ailleurs d'une qualification : dure/douce, qui compense cependant mal le fait que, malgré la dissociation, le même terme « drogue » reste le référent dans les deux cas).

Les premiers excluent du champ des drogues l'alcool et le tabac, alors que les seconds entendent inclure ces deux produits dans les drogues et pas forcément dans la catégorie des « drogues douces ». Les autorités hollandaises se sont faites, on le sait, les avocats ardents de cette dissociation en libéralisant la vente et l'usage des drogues douces tout en traquant les drogues dures. Dans cette affaire, le choix d'une notion globale ou d'une dissociation est essentiellement argumentatif, puisqu'il ne s'appuie sur aucune classification scientifique utilisable dans l'espace public.

L'argument par dissociation permet de briser l'unité de notions trop dogmatiques et induit une souplesse plus grande pour se mouvoir dans le réel. Tel est le cas de la dissociation de la notion de « mémoire » que propose Tzvetan Todorov dans le contexte de la discussion sur la transmission du souvenir du génocide commis par les nazis contre les Juifs. Todorov distingue la « mémoire littérale » de la « mémoire exemplaire ». La première implique que le passé douloureux soit « préservé dans sa littéralité », ce qui a comme conséquence d'étendre « les conséquences du traumatisme initial à tous les moments de l'existence au présent ». La seconde implique d'« ouvrir ce souvenir à l'analogie et à la généralisation » pour faire du passé un « principe d'action pour le présent ». Dans ce dernier cas, celui de la mémoire exemplaire, « je ne cherche plus tant à assurer mon identité qu'à justifier mes analogies » [1995, p. 30 et p. 31]. On voit bien ici comment la dissociation recadre un problème en le diffractant au sein de deux univers de référence.

C'est bien ce que fait Alain Madelin lorsqu'il décrit à sa manière toute libérale la question du chômage : « Combien de chômeurs ? est la première question qu'il pose aux maires qu'ils rencontrent, combien de vrais chercheurs d'emplois ? est invariablement la seconde qui lui vient aux lèvres » (cité par Cécile Chambraud, *Le Monde*, 7 octobre 1995), ou sur un autre registre, fréquent dans les plaidoiries où l'on cherche à disjoindre la victime et le symbole qu'elle représenterait, afin de diminuer la responsabilité de l'assassin, on notera les propos de l'un des membres du commando qui assassina le préfet Erignac, Pierre Alessandri, qui soutint que « si le choix du préfet s'est imposé, c'était plus difficile à faire en tant qu'homme, parce que cela nous obligeait à transgresser des valeurs morales. Nous avons donc fait un travail de dépersonnalisation de la victime et nous en avons fait une victime expiatoire. Nous allions viser un symbole et non pas un homme » (*Le Monde*, 18 juin 2003).

L'argument peut porter, comme le montre le résultat de l'examen de la demande de libération conditionnelle de Patrick Henry où maître Thierry Lévy avait proposé une disjonction argumentative, pour ne retenir qu'un seul des deux aspects : « Le dossier de Patrick Henry est exceptionnellement bon et nous avons toutes les raisons objectives d'aboutir si la volonté du législateur est respectée. Mais il y a deux affaires Patrick Henry : l'homme qui a été condamné pour meurtre et est incarcéré depuis vingt-cinq ans et le symbole médiatique de l'assassin qui a échappé miraculeusement à la peine de mort. Ce n'est pas la réalité, et Patrick Henry serait en liberté depuis longtemps si le pouvoir politique avait su se montrer indépendant de l'opinion » (*Le Monde*, 31 mars 2001). On voit ici clairement que la disjonction entraîne, si elle est acceptée par l'auditoire, un véritable choix entre deux termes qui, jusque-là étaient confondus.

L'usage de la dissociation est, évidemment, toujours discutable. Faut-il condamner les œuvres du philosophe Heidegger sous prétexte qu'il a été complice des nazis avant et pendant la guerre, et ne s'est guère repenti par la suite ? Cette question renvoie à la dissociation possible entre l'homme et son œuvre, thème plus général.

Traditionnellement, notre culture admet qu'il s'agit d'un tout et que l'homme est homogène avec son œuvre. Ceux qui apprécient la philosophie heideggerienne, tout en désapprouvant l'engagement politique de l'homme, mettront en œuvre, pour recadrer le réel, une telle dissociation. D'autres pourront trouver que, de toute façon, l'œuvre sera marquée du fer rouge des choix idéologiques de son auteur. L'homme et l'œuvre, dans cette perspective, ne font qu'un.

Plus difficile à mettre en œuvre que les deux autres types d'arguments (par les valeurs ou par l'autorité), l'argument de cadrage n'en est pas moins une ressource argumentative puissante. Pour Aristote, l'emploi de la définition, de la disjonction, de la conjonction, de l'amplification, de tout argument que nous qualifions ici de cadrage, constitue les moyens rhétoriques de ce qu'il appelait le « ton noble » [1973, 1407b et 1408a]. Leur usage mobilise largement l'esprit, qu'il s'agisse de son agilité ou de son ouverture.

L'argument quasi logique

Dernière variante de cette liste d'arguments de cadrage, qui n'est certes pas exhaustive, les arguments dit « quasi logiques » (Perelman). Ils utilisent un raisonnement proche du raisonnement scientifique, ce qui les rend parfois difficiles à distinguer de la démonstration. Dans l'Antiquité, nous rappelle Perelman, « quand la pensée scientifique d'allure mathématique était moins développée, le recours à des arguments quasi logiques était plus fréquent » [1988, p. 69]. Aujourd'hui on peut les distinguer clairement de l'univers logique dont elle s'inspire.

La *quasi-démonstration*. La démonstration logique, elle, vaut pour tous les cas, là où l'argumentation quasi logique supporte par nature des exceptions assez larges. Elle n'est que simplement probable. Elle s'appuie sur les vertus supposées de la transitivité, de l'identité ou de la division.

« Les ennemis de mes ennemis sont mes amis », affirme l'adage stratégique qui voudra convaincre qu'il vaut mieux s'allier avec ceux qui s'opposent à mes ennemis. Fallait-il que les Alliés, États-Unis, Angleterre, développent des liens d'amitié avec l'URSS pendant la dernière guerre mondiale ? L'opposition à l'Allemagne nazie constituait-elle un intérêt commun suffisamment fort ? On sait que les Soviétiques ont amèrement reproché aux Alliés de leur avoir laissé faire le gros du travail (briser la résistance de l'armée d'Hitler) au prix de pertes et de sacrifices incommensurables, avant d'intervenir eux-mêmes, relativisant ainsi l'amitié dans un tel contexte. Il n'en reste pas moins que cette chaîne logique de relation est globalement convaincante.

VII / Les arguments d'analogie

L'argument d'analogie consiste à établir entre deux zones du réel jusque-là disjointes une correspondance qui va permettre de transférer à l'une les qualités reconnues à l'autre. Aristote utilise un exemple tout à fait intéressant (et assez actuel) d'analogie dans sa *Rhétorique*. Le philosophe se plaint en effet que, dans le système judiciaire grec, les magistrats, ceux qui seront appelés à juger, soient tirés au sort : « Il ne faut pas que les magistrats soient tirés au sort : c'est, en effet, comme si on choisissait les athlètes par le sort, non pas ceux qui ont les aptitudes physiques pour concourir, mais ceux qu'aurait favorisés la chance ; ou encore comme si on choisissait par le sort le marin qui doit tenir le gouvernail » [Aristote, livre II, 1393b].

On sait que c'est toujours le cas actuellement en France, pour les procès d'assises. Aristote plaide donc pour que les juges soient choisis en fonction de leurs compétences, et non du hasard. L'argument, on le voit, ne manque pas de poids. Pour que l'argument fonctionne, il est nécessaire que le terme externe proposé pour composer l'analogie soit déjà accepté par l'auditoire, qu'il y ait donc à son sujet un accord préalable. « Sois stratège comme Napoléon l'était » risque fort d'être une injonction sans efficacité sur celui qui considère que l'homme était un dictateur détestable qui a dévasté une partie de l'Europe. On ne contestera pas qu'il faille être stratège, ou que Napoléon l'était, mais l'exemple propose un rapprochement qui ne convient décidément pas et qui risque même d'être contre-productif (en refusant « d'être »

Napoléon, on refusera d'être stratège, ce à quoi on était pourtant convié...).

Mais, et c'est là une particularité de cet argument, il faut un deuxième accord de l'auditoire, en l'occurrence que celui-ci accepte de faire le pont entre les deux termes proposés. L'analogie est en effet distincte de la comparaison (argument de cadrage) qui suppose une identité entre comparé et comparant. À proprement parler, il n'y a pas de rapport entre les termes de l'analogie.

Mais en même temps, il s'agit d'un raisonnement qui lie deux zones du réel. L'une fait l'objet d'un accord préalable, l'autre est formée par l'opinion que l'on propose à l'adhésion. Ici, on suppose, voire on invente un lien entre deux zones.

Ainsi, si je soutiens que « tout le monde, en Amérique, peut faire fortune », je peux, pour convaincre, utiliser l'argument par l'exemple qui énoncerait ici que Bill Gates (l'une des plus grandes fortunes américaines) ou Steve Jobs « sont des jeunes gens partis de rien et qui sont maintenant milliardaires ».

Bill Gates et Steve Jobs représentent ici des exemples potentiellement généralisables (ce qui ne signifie pas que tout le monde deviendra milliardaire, mais que tout le monde peut le devenir, ce qui n'est pas la même chose). Dans un premier temps, on rappelle un fait connu (ces deux hommes sont des milliardaires) et on le place en « posture de généralisation ». Le fait est qu'ils sont milliardaires, l'argument consiste à énoncer que ce qu'ils ont fait est faisable par d'autres. Derrière Gates et Jobs, en filigrane, il y a tout Américain potentiellement milliardaire. L'argument par l'exemple met donc en œuvre une analogie (au sens large) entre « tout le monde en Amérique » et les personnes particulières Gates et Jobs, promues au rang d'exemples.

Le lien tissé ici entre chaque Américain et ces deux-là en particulier ne relève pas d'une déduction, mais plutôt d'un pont jeté au-dessus du précipice qui sépare ces deux personnalités de chaque autre Américain. Mais il y a en eux « quelque chose » qui établit une correspondance, souterraine mais reconnue par l'auditoire, avec chaque Américain. À ce point, on pourra dire que surgit là une sorte d'autre accord préalable. Certes, mais cet accord-là n'est pas explicité dans le raisonnement argumentatif et il ne doit pas l'être, sous peine de tuer l'analogie et sa puissance de conviction. Nous sommes ici dans un espace discontinu, où la parole s'autorise un saut qu'elle aurait parfois bien du mal à justifier explicitement. Le pont jeté entre deux zones du réel ne se justifie ainsi que parce qu'il permet de passer d'une rive à l'autre.

La spécificité de l'analogie

L'analogie est une correspondance qui tient sa force de son mystère partagé. S'oppose-t-elle à la raison ? Non, sauf à confondre mystère et irrationnel, souterrain et enfer. Les réseaux de correspondances souterraines qui nourrissent les analogies puisent dans les ressources de notre langue, de notre culture, des communautés de pensée qui nous rassemblent et dont elles constituent un des plus sûrs ciments.

On sera amené, sur un plan technique, à faire une distinction, dans ces processus de mise en rapport analogique, entre plusieurs types d'arguments : l'analogie proprement dite, l'exemple et la métaphore. Notons d'emblée, notamment à propos de l'analogie et de la métaphore, qu'il ne s'agit pas des figures de style qui portent le même nom et qui ont une fonction d'expression littéraire ou poétique bien distincte du mécanisme argumentatif qui les caractérise ici. La métaphore ne nous intéresse ici que lorsqu'elle se place en posture de convaincre.

De plus, nous employons le terme « analogique » ici au sens le plus large. Il sert à désigner le fait que l'opinion que l'on veut défendre peut être mise « en rapport » avec une opinion, ou une réalité, qui, elle, est admise par l'auditoire (traditionnellement on parle du « thème » pour désigner l'opinion à défendre, et du « phore » pour désigner la réalité de comparaison). Dans l'expression : « Il est fort comme Hercule », le thème est la force supposée d'une personne, le phore est la force, reconnue par tous, d'Hercule.

En soi, cette expression est plus littéraire qu'argumentative car elle ne nous donne aucune raison d'associer cette personne à Hercule. Mais utilisée dans un contexte approprié, une personne tout en muscle, au physique d'athlète, qui poserait finalement comme l'antique, elle pourrait induire, nous suggérer une analogie qui n'est peut-être pas tout à fait sans fondement : il y a bien un « genre Hercule » auquel cette personne appartient, et cette appartenance nous convainc de sa force.

La métaphore

Toutes les analogies ne sont pas des arguments parce qu'elles ne sont pas toutes au service de la défense d'une opinion. Ainsi, énoncer que « la vieillesse est à la vie ce que le soir est au jour » est une très jolie formule mais pas un argument. Nous sommes en effet tous d'accord avec le fait que la vieillesse est la fin de la vie, ou que le soir est la fin de la journée. Condensée, cette analogie donnera la métaphore suivante : « le soir de la vie », pour parler de la vieillesse, mais là encore, nous sommes dans la littérature ou dans la poésie, pas dans le champ de l'argumentation, où l'on se demande toujours : de quoi veut-on convaincre ?

La métaphore, qui est une ellipse d'analogie, peut être un argument, lorsqu'elle sert à convaincre. Ainsi, dire de quelqu'un « quel âne ! » suppose une analogie entre le comportement buté de l'âne (ce que tout le monde peut constater) et celui de telle personne, que ne caractériserait pas son intelligence ou son ouverture.

La subtilité des arguments analogiques tient à ce qu'ils ne proposent jamais une identité. Dire de quelqu'un qu'il est un « véritable Hercule » n'implique évidemment qu'un rapprochement métaphorique. Nous sommes ainsi à la fois protégés d'une identification impossible et autorisés à constater une similitude, une ressemblance, une proximité.

De l'exemple jusqu'à la métaphore, il y a progression vers une plus grande liberté de suggestion. La métaphore autorise des correspondances souterraines qui puisent parfois au plus profond de notre être et de notre culture. Ariane Mnouchkine, hostile à la grève des intermittents du spectacle qui a conduit à l'annulation de nombreux festivals culturels pendant l'été 2003 en France, n'hésita pas à déclarer : « j'ai le devoir de vous dire que j'aurais aimé autre chose que cette autodestruction, que ce bûcher que vous êtes en train d'élever » (*Le Monde*, 4 juillet 2003).

Avec la métaphore, nous dit Nanine Charbonnel, on rencontre « l'immense problème du même et de l'autre, de la ressemblance et de l'identité. Elle est le point d'insertion, dans le langage (en tant que métaphore proprement dite) comme dans la pensée (en tant que phénomène d'analogie), de la question qui nous semble, à quelques-uns, l'essentiel de l'humanité : la mimesis » [1991, p. 24].

La métaphore, nous l'avons vu, est loin d'être toujours un argument. On sait qu'elle est une figure de style puissante, largement utilisée dans l'expression courante aussi bien qu'en littérature. Comment distinguer une métaphore littéraire d'un argument par métaphore ? Apparemment, les choses sont simples : la métaphore est un argument quand elle est mise au service de la défense d'une thèse ou d'une opinion. Ainsi, lorsqu'on parle du « soir de la vie » pour désigner la vieillesse, on évolue dans un univers littéraire.

Bertrand Poirot-Delpech pour argumenter des difficultés de fonctionnement du Tribunal pénal international pour l'ex-Yougoslavie (TPIY) parle de « menottes mentales » à propos des écouteurs servant à la traduction simultanée (« S'il est vrai que toutes les décisions internationales se prennent désormais à l'aide d'interprétations simultanées, que dire d'une justice passée au filtre des écouteurs, ces menottes mentales ? », *Le Monde*, 16 mai 2001). La figure, qui pourrait être littéraire, est ici dotée d'une large portée argumentative.

De la même façon, pour nous convaincre que nous sous-estimons l'impact du sida en Afrique, qui frappe massivement les jeunes gens et les jeunes filles, Éric Fottorino utilise la métaphore d'une « seconde traite ». « Comme une Afrique qu'on enlèverait à l'Afrique », ajoute-il (*Le Monde*, 10 novembre 1994). L'argument suppose connu et accepté au préalable le fait, mis en évidence par des anthropologues comme Georges Balandier, que la traite des esclaves pendant au moins deux siècles a représenté un traumatisme sans précédent pour l'histoire de cette région et a privé pour longtemps l'Afrique de ses forces vives et de toute possibilité de développement.

La recherche d'une analogie pour entraîner l'adhésion, et sa forme la plus extrême qu'est la métaphore, est probablement le plus fragile et le plus puissant des raisonnements argumentatifs.

Comme le remarque Philibert Secretan, « l'analogie se caractérise alors par une oscillation, pour elle constitutive, entre la ressemblance qu'elle signifie et la dissemblance qu'elle enjambe sans toutefois la réduire » [1984, p. 7].

La métaphore, comme l'analogie, tire sa force de sa nouveauté. Répétée elle s'affaiblira, s'endormira, ou deviendra un lieu commun, argument de communauté. On ne compte plus les innombrables « y a-t-il un pilote dans l'avion », comme dans l'exemple de l'intervention de Robert-André Vivien, critiquant Nicolas Sarkozy, ministre de la Communication, dans un débat à l'Assemblée nationale à l'occasion de la grève des journalistes de la radio publique, demandant « y a-t-il un pilote dans l'avion de l'audiovisuel public ? » (cité par Alain Salles, *Le Monde*, 30-31 octobre 1994). Des formules trop standardisées, même si elles sont une bonne analogie au départ, risquent de perdre un peu de leur vigueur argumentative, comme le très répandu « chair à canon ». Geneviève Guicheney, médiatrice à France Télévision et ancien membre du CSA, indique ainsi, à propos de l'émission de jeu *Loft Story* que « la question posée est l'utilisation de personnes ordinaires pour alimenter des émissions de télévision et dont on fait une sorte de chair à canon médiatique » (*Le Monde*, 16 mai 2001).

La métaphore, comme l'analogie dont elle est un condensé, se prête par ailleurs facilement à l'amalgame, comme par exemple lorsque Ben-Ari Yézékiel dit qu'« avec la tragédie de la Bosnie, l'opinion publique a compris que Milosevic avait réellement l'intention de réaliser son programme d'une grande Serbie « *Islamenfrei* » (*Le Monde*, 22 mai 1999). L'analogie avec le régime nazi est suffisamment grave pour être très circonstanciée et ne pas être utilisée à l'emporte-pièce.

L'analogie proprement dite

Raisonner par analogie, nous rappelle Reboul, c'est « construire une structure du réel » grâce à une « ressemblance de rapports » comme dans l'exemple classique qui dit que « le père est à son fils ce que Dieu est à l'homme », où l'on suppose acquis l'accord sur les relations que l'homme doit entretenir avec Dieu :

respect, soumission, reconnaissance de l'autorité (on se situe bien sûr dans le contexte d'un auditoire particulier). Ce que l'on veut montrer est ici que le fils doit des sentiments analogues à son père. On « enjambe » donc la différence des situations pour suggérer un lien fort et souterrain entre les deux rapports.

Les rédacteurs inspirés de l'Ancien Testament, pour convaincre leurs lecteurs que l'homme a bien été créé par Dieu (ce qui ne constitue pas une évidence dans le contexte de l'époque), utilisent fréquemment des analogies avec le travail technique du potier. Dieu aurait façonné l'homme dans la glaise comme l'artisan façonne le pot de terre. Le phore est ici cette réalité connue et acceptée, selon laquelle la création est un façonnage de matière malléable, selon un plan déterminé mais aussi dans un corps à corps avec le concret. Le phore est constitué comme un rapport du créateur à la création. Le thème, ce dont on veut convaincre, est qu'il y a un rapport semblable entre l'homme, créature, et son créateur.

L'analogie a tout à gagner à frapper l'imagination, à provoquer un effet de surprise, vecteur qui permet d'emporter la conviction. Ainsi, luttant contre la violence à la télévision et rappelant qu'avant d'avoir fini l'école primaire, un jeune Américain y aura vu 8 000 meurtres, Major Owens, membre du congrès américain, propose de considérer que « s'il s'agissait de 8 000 actes sexuels, nous ne laisserions jamais faire la télévision » (cité par Olivier Péretié, *Le Nouvel Observateur*, 13-19 octobre 1994). L'accord préalable ici concerne assez spécifiquement tout un pan de l'opinion publique américaine, que l'on sait assez puritaine (quelqu'un a un jour dit qu'aux USA il était acceptable dans un film de voir une main couper un sein, mais pas le caresser...).

Les analogies les plus efficaces sont celles qui cherchent leur phore en même temps assez loin et... assez près. Le représentant de la confédération paysanne dans les Côtes-d'Armor, René Louaille, soutint ainsi que « les farines animales sont à la production laitière ce que l'EPO est au cyclisme. Je n'exclus pas qu'un fabricant peu scrupuleux ait utilisé sciemment des farines animales dans l'alimentation des bovins après 1990 » (*Le Monde*, 16 novembre 2000). Encore plus près mais un peu plus littéraire, Éric Dupin construisit une analogie entre la maladie de la vache folle et l'état de l'opinion à ce sujet : « le fameux "principe de précaution" ne va pas sans risques. Accommodé à toutes les sauces, il est porteur d'une sorte de démocratie spongiforme... Nerveuse et agressive, la vache folle manifeste une hyperexcitabilité et maîtrise de moins en moins ses mouvements. Imprégné à l'excès des humeurs et des peurs de l'opinion, notre système démocratique ne souffre-t-il pas d'un fâcheux dérèglement des comportements ? » (*Libération*, 10 novembre 2000).

L'analogie peut parfois transcender les frontières. Non sans audace, Nicolas Sarkozy n'hésita pas, dans une interview, à tenter une analogie par-delà les clivages politiques en affirmant la nécessité pour la droite de prendre garde « à ne pas faire avec les enseignants la même erreur que nos prédécesseurs sur la sécurité. En déniant la réalité de l'insécurité ressentie par nos concitoyens, ils ont commis une faute. Ne sous-estimons pas la réalité du malaise des professeurs, la peur qu'ils éprouvent sur l'avenir de leur profession, le mal-être dans l'exercice au quotidien d'un métier qui est devenu très difficile » (propos recueillis par Pascal Ceaux, Hervé Gattegno et Piotr Smolar, *Le Monde*, 4 juillet 2003).

L'analogie peut aussi s'appuyer sur l'humour, même — et surtout parfois — lorsque le sujet est grave. Ainsi Brigitte Moutoussay, représentante salariée du Syndicat du commerce parisien, à propos de la fermeture en France, dans l'année 2001, des magasins Marks & Spencer, déclara-t-elle : « En présentant le plan ce matin, la direction nous a dit que nous étions tous dans le même bateau. Je leur ai simplement rappelé que lorsque le *Titanic* a coulé, seules les premières classes s'en sont sorties » (*Le Monde*, 31 mars 2001).

L'analogie fait appel, le plus souvent, à un fonds culturel commun, comme dans le cas où un journaliste suggéra, par-delà l'histoire, une analogie entre les Guise et les collaborateurs comme René Bousquet : « Il porte des cols de fourrure sous l'Occupation comme les Guise une fraise au temps des massacres de protestants » (Laurent Greilsamer, *Le Monde*, 10 novembre 1994).

La formule doit être manipulée avec précaution, par exemple dans un cadre pédagogique, et l'on doit s'assurer que le public auquel on l'adresse connaît un peu cette période de l'histoire et ses particularités vestimentaires (notamment la « fraise »).

L'analogie n'est finalement pas d'usage si fréquent car elle oblige l'auditoire à se livrer à une gymnastique intellectuelle qui la rend peu propice à de nombreuses situations d'argumentation. Elle est toutefois indispensable dès que le thème défendu est un rapport, une structure, un mouvement, une dynamique. Dans tous ces cas, il n'y a souvent pas d'autre ressource que de le comparer avec un rapport similaire sur lequel un accord préalable a été obtenu.

L'analogie peut s'utiliser elle aussi *a contrario*. Ainsi l'auteur de la *Rhétorique à Herrenius* veut-il nous convaincre, à l'aide d'une analogie en quelque sorte retournée, que les nouveaux généraux sont souvent sans expérience : « Contrairement à ce qui se passe dans la palestre où le coureur qui reçoit au cours d'un relais le flambeau allumé est plus rapide que celui qui le lui passe, un nouveau général qui reçoit la charge de l'armée n'est pas meilleur que celui qui la quitte. Car c'est un coureur épuisé qui donne le flambeau à un coureur frais, mais c'est un général expérimenté qui remet l'armée à un général sans expérience » [livre IV, 59].

L'analogie peut également, à la limite de l'argument de cadrage, convoquer comme terme extérieur (le phore), une structure géométrique ou une structure formelle. Pour souligner la responsabilité de chacun des trois acteurs principaux du « procès ELF », le parquet présenta le trio « Le Floch-Prigent-Tarallo-Sirven », comme ne fonctionnant pas « sur un mode pyramidal mais comme trois cercles qui ont un espace commun et un espace autonome » (*Le Monde*, 3 juillet 2003).

L'argument par l'exemple

L'exemple est bien distinct d'une comparaison qui est un argument de cadrage. Comme nous l'avons vu à propos des milliardaires américains, on induit d'un cas particulier transformé en cas « exemplaire » le fait qu'il puisse s'appliquer à tout autre chose. Tout autre chose en apparence car, on l'a vu, le but est de faire ressortir une correspondance souterraine. L'exercice n'est pas toujours simple : vouloir convaincre une personne sans abri, errant dans les rues de New York à la recherche d'une pitance, que dans ce pays « tout le monde peut devenir milliardaire » peut sembler confiner à l'ironie cruelle plus qu'à la démarche argumentative.

Cet exemple a amené d'ailleurs un redoutable argument par dissociation, lorsque quelqu'un s'est mêlé de séparer Blancs et Noirs aux États-Unis et de dire que si les Noirs américains formaient un « pays », celui-ci serait très loin dans l'échelle mondiale, par exemple du point de vue des revenus par habitant, du chômage, des conditions sanitaires, etc. Dans quel pays habite-t-on ? Dans quel pays « tout le monde peut-il devenir milliardaire » ?

Quoi qu'il en soit, l'emploi de l'exemple pour convaincre est fréquent, au point que l'on observe souvent cette séquence curieuse dans une situation d'argumentation, où quelqu'un, persuadé d'une thèse et voulant en persuader l'auditoire, ajoute : « Prenons par exemple... », et se met à chercher *illico* un exemple qu'il n'avait pas jusque-là à sa disposition. Cette situation montre bien comment l'usage de l'exemple est perçu comme pratique, efficace et souvent plus spontané que réfléchi.

L'exemple est différent de l'analogie, même si les deux types d'arguments ont en commun d'aller chercher un élément étranger à l'opinion proposée, que l'on va mettre en rapport avec elle. L'exemple a une simplicité, une immédiateté que n'a pas l'analogie et il n'exige pas d'être poursuivi en dehors du contexte immédiat où il est invoqué. Ainsi, alors que le président Chirac est mis en cause par un groupe de députés socialistes dans le cadre des « affaires », Patrick Devedjian, qui fut l'avocat de Jacques Chirac, argumenta ainsi l'immunité : « Dans toutes les démocraties, les titulaires de l'exécutif bénéficient de procédures particulières. Cela avait été le cas pour le président Clinton dans l'affaire Lewinsky » (*Le Monde*, 26 mai 2001). Bill Clinton est considéré comme un exemple (et non une autorité) et il n'est pas question de « filer » l'exemple, sauf à mettre en rapport ce dont serait accusé éventuellement Jacques Chirac et les turpitudes extraconjugales de l'ex-président des États-Unis. Déborder du cadre de l'exemple serait ici maladroit.

On distingue parfois certaines variantes de l'exemple comme l'illustration ou le modèle. Pour Reboul, l'illustration est un exemple qui peut être fictif, dont le rôle est de lui donner une

« présence à la conscience ». Dans ce sens, il s'agirait plus d'une figure ornementale que d'un argument proprement dit. Le modèle, en revanche, est un exemple fort puisqu'il se propose comme une norme devant être imitée. Le phore du jeune informaticien devenu milliardaire est un exemple mais pas un modèle. C'est l'exemple qui sert à convaincre que tout le monde peut devenir milliardaire. Il peut, en revanche, être le modèle pour celui que l'on veut décider à être milliardaire. Dans ce cas, le thème est : « Tu peux y arriver si tu fais comme Steve Jobs. » L'exemple doit être manié avec précaution, comme dans le cas de l'histoire du père, rappelée par Olivier Reboul, qui dit à son fils, qui peine à faire ses devoirs : « À ton âge Napoléon était premier de sa classe. » Confronté à cet exemple illustre, le fils répliqua immédiatement à son père : « Au tien, il était déjà empereur. »

Conclusion

Au moment de terminer cet ouvrage, il nous faut bien reconnaître que tous les aspects de l'acte d'argumenter n'ont pas été ici épuisés. Nous nous sommes concentrés sur deux points essentiels, profondément complémentaires : l'accord préalable qui joue un rôle essentiel dans l'argumentation et qui en fait véritablement une activité de communication, et l'argument que nous avons essayé de décrire à travers les différentes formes concrètes qu'il prend.

Nous n'avons pas abordé, par exemple, l'importante question du plan argumentatif. Pour tenter de convaincre, il faut d'abord capter l'attention de l'auditoire. C'est l'exorde. Ensuite, dire de quoi on parle, exposer les faits, le contexte, et énoncer l'opinion, qui n'est pas encore transformée en argument. Il faut ensuite argumenter, au sens strict, en utilisant toutes les techniques qui ont été décrites dans ce livre. Ensuite, conclure, non pas comme dans la dissertation littéraire, mais bien plutôt comme l'art oratoire nous l'enseigne, en ramassant une dernière fois ses arguments, de préférence dans une formule synthétique, qui élève le débat à la hauteur de l'enjeu. C'est la péroraison. Ce plan en quatre parties est aujourd'hui, si l'on veut bien y regarder de près, respecté par tous les orateurs, à l'oral comme à l'écrit.

Il nous a manqué aussi dans ce livre de parler de la mémoire et de son rôle essentiel dans l'argumentation. Argumenter, c'est finalement tenter d'agir, avec retenue et dans un souci éthique, sur la mémoire de l'auditoire. La force de l'argumentation est qu'elle est une communication, non pas interactive, c'est-à-dire à courte portée, mais constituée par le lien étroit et intime qui se noue entre l'orateur et l'auditoire particulier auquel il s'adresse.

Il nous a manqué également de mieux définir la manipulation, que nous avons rebaptisée ici « influence coercitive » pour être plus précis. Nous n'avons pas abordé l'importante question de la prise de parole dans des situations difficiles. Mais ces deux thématiques sont traitées par ailleurs. La première dans un ouvrage sur la manipulation de la parole [Breton, 2000] et l'autre dans un ouvrage réédité récemment [Breton, 2006], où l'on aborde concrètement une vingtaine de situations délicates (de la prise de parole en public à l'agression physique) dans lesquelles les techniques d'argumentation peuvent être d'un grand secours. Nous nous permettons d'y renvoyer le lecteur.

On trouvera dans la bibliographie qui suit de nombreux ouvrages qui permettent de poursuivre la réflexion et d'élargir ce regard sur l'argumentation au-delà des limites de ce petit livre.

Sa rédaction a été essentiellement guidée par le souci de redonner à la parole et à ce qui en constitue le cœur vivant, l'argumentation, le rôle essentiel qu'elle devrait jouer dans les relations entre les humains.

Repères bibliographiques

ACHARD Guy, *La Communication à Rome*, Payot, Paris, 1994.

AMOSSY Ruth (dir.), *Image de soi dans le discours, la construction de l'ethos*, Delachaux et Niestlé, Paris, 1999.

ANDRÉ Christophe et LÉGERON Patrick, *La Peur des autres. Trac, timidité et phobie sociale*, Odile Jacob, Paris, 2000.

ANGENOT Marc, *La Parole pamphlétaire*, Payot, Paris, 1982.

ANONYME, *Rhétorique à Herrenius*, texte établi et traduit par Guy Achard, Les Belles Lettres, Paris, 1989.

ANSCOMBRE Jean-Claude et DUCROT Oswald, *L'Argumentation dans la langue*, Pierre Mardaga Éditeur, Paris, 1988.

ARISTOTE, *Rhétorique*, tomes 1, 2, et 3, texte établi et traduit par Médéric Dufour, Les Belles Lettres, Paris, 1967 ; tomes 1 et 2 : 1967, tome 3 : 1973.

BADINTER Robert, *L'Abolition*, Fayard, Paris, 2000.

BARTHES Roland, « L'ancienne rhétorique », *Communications*, « Recherches rhétoriques », n° 16, Seuil, Paris, 1970.

BELLENGER Lionel, *L'Argumentation, principes et méthodes*, ESF, Paris, 1992.

—, *La Persuasion*, PUF, Paris, 1985.

BENOIT Ch., *Essai historique sur les premiers manuels d'invention oratoire jusqu'à Aristote*, 1846, Vrin, Paris, 1983.

BOUDON Raymond, *L'Art de se persuader des idées douteuses, fragiles ou fausses*, Points Seuil, Paris, 1990.

BRETON Philippe et GAUTHIER Gilles, *Histoire des théories de l'argumentation*, La Découverte, Paris, 2000.

BRETON Ph. et PROULX S., *L'Explosion de la communication, la naissance d'une nouvelle idéologie*, La Découverte et Éditions du Boréal, « Science et société », Paris/Montréal, 1989 ; nouvelle édition sous le titre *L'Explosion de la communication. Introduction aux théories et aux pratiques de la communication*, La Découverte, « Manuels Repères », Paris, 2006.

BRETON Philippe, *Éloge de la parole,* La Découverte, Paris, 2003.

—, *La Parole manipulée,* La Découverte, Paris, 2000.

BRETON Philippe, *Argumenter en situation difficile,* Pocket, Paris, 2006.

CHARBONNEL Nanine, *La Tâche aveugle. Les aventures de la métaphore,* Presses universitaires de Strasbourg, Strasbourg, 1991.

CICÉRON, *De l'orateur,* livre premier et livre second, texte établi et traduit par Edmond Courbaud, Les Belles Lettres, Paris, 1922.

COMPAGNON Antoine, *La Troisième République des lettres,* Seuil, Paris, 1983.

DECLERC Gilles, *L'Art d'argumenter. Structures rhétoriques et littéraires,* Éditions universitaires, Paris, 1992.

DÉTIENNE Marcel (dir.), *Qui veut prendre la parole ?* Le genre humain/Seuil, Paris, 2003.

DUCROT Oswald, *Les Échelles argumentatives,* Éditions de Minuit, Paris, 1980.

ESCARPIT R, *Théorie générale de l'information et de la communication,* Hachette Université, Paris, 1976.

FUMAROLI Marc, *L'Âge de l'éloquence,* Albin Michel, Paris, 1994.

GAUTHIER Gilles, « La mise en cause de l'objectivité journalistique », *Communications,* vol. 12, n° 2, 1991.

GUSDORF Georges, *La Parole,* PJF, Paris, 1952.

HARTOG François, « Liberté des Anciens, libertés des Modernes. La Révolution française et l'Antiquité », *in Les Grecs, les Romains et nous, l'Antiquité est-elle moderne ?,* textes réunis et présentés par Roger-Pol Droit, *Le Monde*-Éditions, 1991.

JOULE R.-V. et BEAUVOIS J.-L., *Petit Traité de manipulation à l'usage des gens honnêtes,* PUG, Grenoble, 1987, nouvelle édition 2002.

MEYER Michel, *Questions de rhétorique,* Le Livre de poche, « Essais », Paris, 1993.

—, *Histoire de la rhétorique, des Grecs à nos jours,* Librairie générale française, Paris, 1999.

MIÈGE Bernard, *La Pensée communicationnelle,* PUG, Grenoble, 1995.

MOLINIÉ Georges, *Dictionnaire de rhétorique,* Livre de poche, Paris, 1992.

OLÉRON Pierre, *L'Argumentation,* PUF, « Que sais-je ? », n° 2087, Paris, 1993.

PACKARD Vance, *La Persuasion clandestine,* Calmann-Lévy, Paris, 1963.

PERELMAN Chaïm, *L'Empire rhétorique,* Vrin, Paris, 1988.

PERELMAN Chaïm et OLBRECHTS-TYTECA L., *Traité de l'argumentation, la nouvelle rhétorique,* Éditions de l'université de Bruxelles, Bruxelles, 1970.

PLANTIN Christian, *Essais sur l'argumentation,* Kimé, Paris, 1990.

—, *L'Argumentation,* Seuil, « Mémo », Paris, 1996.

REBOUL Olivier, *Introduction à la rhétorique,* PUF, « Premier cycle », Paris, 1991.

—, *La Rhétorique,* PUF, « Que sais-je ? », Paris, 1984.

REMILLEUX Jean-Louis, *Le Salaud lumineux,* Le Livre de poche, Paris, 1992.

Resweber Jean-Paul, *La Philosophie des valeurs*, PUF, « Que sais-je ? », n° 2650, Paris, 1992.

Robrieux Jean-Jacques, *Éléments de rhétorique et d'argumentation*, Dunod, Paris, 1993.

Secretan Philibert, *L'Analogie*, PUF, Paris, 1984.

Slama Alain-Gérard, *La Régression démocratique*, Fayard, paris, 1995.

Steiner Georges, *Réelles Présences, les arts du sens*, Gallimard, Paris, 1991.

Tacite, *Dialogue des orateurs*, Les Belles Lettres, Paris, 1985.

Terray Emmanuel, « Égalité des Anciens, égalité des Modernes », *Les Grecs, les Romains et nous, l'Antiquité est-elle moderne ?*, textes réunis et présentés par Roger-Pol Droit, *Le Monde*-Éditions, Paris, 1991.

Todorov Tzvetan, *Les Abus de la mémoire*, Arléa, Paris, 1995.

Voirol Michel, *Guide de la rédaction*, Éditions du centre de formation et de perfectionnement des journalistes, Paris, 1990.

Watzlawick Paul, *La Réalité de la réalité. Confusion, désinformation, communication*, Seuil, Paris, 1978.

—, *Le Langage du changement, éléments de communication thérapeuthique*, Seuil, Paris, 1980.

Watzlawick Paul, Weakland John et Fisch Richard, *Changements, paradoxes et psychothérapie*, Seuil, Paris, 1975.

Windisch Uli, « L'argumentation politique : un phénomène social total. Pour une sociologie radicalement quotidienne », *Année sociologique*, juin 1995.

Lexique de termes utilisés en argumentation

Accord préalable : Dans le domaine de la communication argumentative* [1], certains éléments déjà admis par l'auditoire* constituent le point de départ de la construction des arguments par l'orateur — Argumenter consiste alors à transférer l'accord préalable vers l'opinion* que l'on veut défendre et ainsi la rendre acceptable — Dans l'argument analogique* par exemple, le terme extérieur (le « phore ») que l'on rapporte à l'opinon* doit déjà faire l'objet d'un accord préalable : soutenir comme Aristote, *qu'il ne faut pas plus tirer au sort les jurés des tribunaux qu'on ne le fait lorsqu'il s'agit d'équipes sportives* implique un accord préalable sur cette dernière proposition.

Analogique (*Argument*) : Une des quatre familles d'arguments — Il consiste à associer, à comparer ou à mettre en rapport un élément extérieur (le « phore ») sur lequel un accord préalable est supposé obtenu, avec l'opinion* proposée et ainsi à la rendre acceptable — Par exemple on parlera du sida en Afrique comme d'une « seconde traite » en faisant ainsi référence aux conséquences catastrophiques de l'esclavage, pour défendre l'opinion selon laquelle les conséquences de cette maladie sont catastrophiques — L'exemple, la comparaison, l'analogie, la métaphore, appartiennent à la famille des arguments analogiques.

Argument : Terme désignant soit la forme dans laquelle l'opinion* va être « moulée » soit l'ensemble constitué par la forme et l'opinion*. Dans le premier cas le terme sert à désigner les différents types de formes utilisées en argumentation* : argument d'autorité* par exemple. Dans le second cas, le terme sert à désigner un énoncé complet. On dira par exemple qu'un orateur* a utilisé un « bon argument » dans le débat. — On distingue, d'un point de vue typologique, quatre familles d'arguments : les arguments d'autorité*, les arguments de cadrage*, les arguments analogiques*, les arguments s'appuyant sur des présupposés communs*.

1. Les mots ou expressions suivis d'un astérique renvoient aux définitions présentes dans ce lexique.

Auditoire : Nom donné, dans une situation de communication argumentative*, au(x) récepteurs(s) du message, c'est-à-dire aux personnes que l'on veut convaincre.

Autorité (*Argument d'*) : Une des quatre familles d'arguments — Il consiste à montrer que l'opinion* que l'on veut défendre est déjà défendue, ou correspond aux idées d'une autorité reconnue par l'auditoire* — On s'appuie ainsi sur l'autorité de l'expérience, du témoignage, de la compétence. Une forme inversée de l'argument d'autorité consiste à associer une autorité négative pour critiquer une opinion : « Hitler le disait aussi. »

Action : Cinquième et dernière étape de la mise en œuvre du discours argumentatif — Elle consiste en une anticipation de la situation concrète d'argumentation afin de s'y préparer et éventuellement d'intervenir sur des éléments matériels (placement des personnes, problème de transport de la voix, etc.).

Cadrage (*Argument de*) : Une des quatre familles d'arguments — Le cadrage consiste en une modalité de présentation de l'opinion* telle qu'elle est susceptible de rencontrer ou de provoquer un accord de l'auditoire* : par exemple insister sur certains aspects favorables à l'opinion* et diminuer certains autres qui pourraient avoir un effet contraire constitue un cadrage — La description* orientée, la définition argumentative, la qualification, la dissociation constituent des arguments de cadrage — « Ce n'est pas tous les jours que des garçons comme nous ont l'occasion de faire un travail aussi responsable », dit Tom Sayer à ses camarades qui le raillent d'avoir, par punition, à repeindre la clôture.

Communication : Transport d'un message d'un émetteur vers un récepteur *via* un canal — La communication se décline suivant trois registres complémentaires : on parlera de communication expressive*, argumentative*, ou informative* — L'analyse de la communication renvoie toujours à l'analyse d'une « situation de communication » globale.

Communication argumentative : Un des trois registres de la communication* — L'objectif de la communication argumentative est de convaincre un auditoire* de partager l'opinion* d'un orateur* — Elle s'appuie sur les techniques qui transforment une opinion en argument et qui la transportent ainsi vers l'auditoire — Par exemple insister sur l'« enfance malheureuse » d'un accusé peut aider, si tel est le cas, à diminuer sa responsabilité aux yeux des juges — Hommes politiques, avocats, professionnels de la communication, vendeurs utilisent massivement ces techniques.

Communication expressive : Un des trois registres de la communication* — Elle permet d'exprimer ce que l'on ressent ou ce que l'on voit de façon singulière — Elle s'appuie sur les techniques du récit et sur un certain nombre de figures pour donner accès au réel exprimé, comme par exemple la métaphore* — Par exemple, pour exprimer le déclin de la vieillesse, on peut employer la métaphore* : « le soir de la vie ». Poètes, écrivains, auteurs, artistes, mais aussi chacun d'entre nous, utilisent les ressources de l'expression.

Communication informative : Un des trois registres de la communication — Son objectif est de décrire le plus objectivement possible un fait, un événement, une opinion, dont on a été le témoin — Par exemple dire « il y a trois arbres dans la cour, dont le feuillage est vert » suppose qu'un autre témoin, observateur de la même scène dirait la même chose — La communication informative s'appuie essentiellement sur des descriptions* — Elle constitue la base du travail journalistique.

Confirmation : Partie du plan argumentatif — Elle vient après l'exorde* et l'exposé des faits* — Elle « confirme » l'opinion proposée et consiste donc en l'énoncé des différents arguments*, suivant un certain ordre, en fonction d'une situation de communication donnée.

Description : Modèle réduit, hiérarchisé et représentatif de la partie du réel que l'on veut décrire — Une description suppose généralement une liste d'éléments composant le réel. — Par exemple « l'avion est arrivé à 13 heures 15 en provenance de l'Ouest. Il s'est posé à faible vitesse sur la piste. Une fois l'appareil immobilisé, les passagers sont sortis par l'échelle de coupée à l'arrière, ils étaient cinquante-deux, le soleil brillait sur le tarmac, etc. » constitue une description. — La description constitue la figure essentielle de la communication informative*, mais il y a également des descriptions orientées dans les arguments de cadrage* et des descriptions « littéraires » dans le champ de la communication expressive*.

Disposition : Deuxième étape de la mise en œuvre du discours argumentatif — Moment où l'on choisit le meilleur plan argumentatif * et l'ordre des arguments*.

Élocution : Troisième étape de la mise en œuvre du discours argumentatif — Moment où l'on choisit les termes et les figures que l'on va utiliser — L'élocution concerne la mise en langage du discours.

Exorde : Partie du plan argumentatif * — Désigne la première partie du discours. Il sert à capter l'attention de l'auditoire* et à le rendre bienveillant, avant même de commencer à exposer les faits et de les discuter — L'exorde peut aussi servir à annoncer le plan que l'on va suivre — Exemple : « Mes amis ! Au secours ! » sont les premiers mots par lesquels l'abbé Pierre s'adresse au public de Radio-Luxembourg, le 1er février 1954, avant de l'exhorter à aider les sans-abri de Paris en créant les Compagnons d'Emmaüs. Le général de Gaulle capte l'attention des auditeurs de la BBC, le 6 juin 1944, en commençant son discours par les mots suivants « La bataille suprême est engagée. »

Exposé des faits : Partie du plan argumentatif * qui sert à exposé le contexte et parfois à annoncer le contenu ou le plan de la confirmation* — Souvent l'exposé des faits, sous la forme d'une description*, est déjà orienté en vue de l'argumentation.

Invention (*des arguments*) : Première étape de la mise en œuvre du discours argumentatif — Moment où l'on choisit l'« angle d'attaque », en fonction de la composition et la nature de l'auditoire* et des accords préalables* sur lesquels on va s'appuyer, où l'on cherche les meilleurs arguments* dans lesquels couler l'opinion*, où l'on réfléchit aussi à la façon de se présenter et au style que l'on va adopter.

Manipulation : Technique pour convaincre un auditoire* sans argumenter — La manipulation prive l'auditoire* de sa liberté de choix — On distingue la manipulation cognitive, qui est un trucage de l'argument* et la manipulation des affects, qui est un conditionnement psychologique de la relation entre l'orateur* et l'auditoire* — Associer dans un même ensemble « les étrangers, le chômage, le sida » constitue un amalgame manipulateur, tendant à faire exister un lien de causalité sans fournir aucun argument* à l'appui.

Mémorisation : Quatrième étape de la mise en œuvre du discours argumentatif — Elle consiste à choisir le support le plus adéquat pour conserver les différents éléments composant ce discours — L'argumentation orale s'appuie sur une intériorisation spécifique de ces éléments, dans l'ordre que prévoit la disposition*, pouvant faire appel aux procédés de « mémoire artificielle » — Elle peut s'appuyer également sur un système de notes appropriées.

Opinion : Point de vue, thèse, cause ou représentation défendue par un orateur — Les opinions, dans le champ de l'argumentation, relèvent du domaine soit du judiciaire, soit du politique (au sens large), soit du « débat de société », soit de toute représentation ou produit que l'on veut promouvoir — Pour être transportée vers l'auditoire*, l'opinion est mise sous la forme d'arguments*.

Orateur : Nom donné à l'émetteur d'un message dans une situation de communication argumentative*.

Péroraison : Partie du plan argumentatif * — Désigne la dernière partie du discours. Elle est utilisée par l'orateur* pour produire une impression décisive, en vue d'emporter la conviction de l'auditoire*. Elle rafraîchit la mémoire de l'auditoire* et résume en figures frappantes les raisons d'adhérer à l'opinion*. La péroraison* peut également faire appel, dans le même but, aux sentiments et aux passions. Une des figures clés, dans ce cas, sera l'amplification — Exemple : Le général de Gaulle termine son discours à la BBC, le 6 juin 1944, par l'énoncé suivant : « Derrière le nuage si lourd de notre sang et de nos larmes voici que reparaît le soleil de notre grandeur. »

Plan argumentatif : La rhétorique classique distinguait quatre parties pour un discours argumentatif : l'exorde*, la *narratio* ou exposé des faits*, la *confirmatio* ou énoncé des arguments*, la péroraison* — Aujourd'hui encore, la plupart des discours argumentatifs suivent ce plan.

Présupposés communs (*Argument s'appuyant sur des*) : Une des quatre familles d'arguments — Il consiste à montrer qu'une opinion proposée est cohérente avec une valeur, une croyance, ou un lieu commun déjà accepté par l'auditoire — Si celui-ci croit à l'égalité, on pourra y appuyer l'opinion selon laquelle « les salaires devraient être les mêmes pour les hommes que pour les femmes », à travail égal — « Qui vole un œuf vole un bœuf » peut servir d'appui pour souligner la gravité potentielle de l'acte de tel voleur.

Rhétorique : Nom donné, notamment dans l'Antiquité, à l'« art de convaincre ». Les premiers « professeurs » de rhétorique sont Corax, Gorgias, Isocrate, puis Aristote, Cicéron et Quintilien.

Index des grandes notions utilisées et des principaux noms cités

Table des matières

II Les familles d'arguments

III Le rôle de l'accord préalable

IV Les arguments d'autorité

V Les arguments de communauté

VI Les arguments de cadrage

Collection

R E P È R E S

créée par
MICHEL FREYSSENET et OLIVIER PASTRÉ (en 1983),
dirigée par
JEAN-PAUL PIRIOU (de 1987 à 2004), *puis par* PASCAL COMBEMALE,
avec STÉPHANE BEAUD, ANDRÉ CARTAPANIS, BERNARD COLASSE, FRANÇOISE DREYFUS, CLAIRE LEMERCIER, YANNICK L'HORTY, PHILIPPE LORINO, DOMINIQUE MERLLIÉ, MICHEL RAINELLI et CLAIRE ZALC.

Le catalogue complet de la collection « Repères » est disponible sur notre site **http://www.collectionreperes.com**

GRANDS REPÈRES

Classiques

R E P È R E S

La formation du couple. *Textes essentiels pour la sociologie de la famille*, Michel Bozon et François Héran.

Invitation à la sociologie, Peter L. Berger.

Un sociologue à l'usine. *Textes essentiels pour la sociologie du travail*, Donald Roy.

Dictionnaires

R E P È R E S

Dictionnaire de gestion, Élie Cohen.

Dictionnaire d'analyse économique, *microéconomie, macroéconomie, théorie des jeux, etc.*, Bernard Guerrien.

Guides

R E P È R E S

L'art de la thèse. *Comment préparer et rédiger un mémoire de master, une thèse de doctorat ou tout autre travail universitaire à l'ère du Net*, Michel Beaud.

Comment parler de la société. *Artistes, écrivains, chercheurs et représentations sociales*, Howard S. Becker.

Comment se fait l'histoire. *Pratiques et enjeux*, François Cadiou, Clarisse Coulomb, Anne Lemonde et Yves Santamaria.

La comparaison dans les sciences sociales. *Pratiques et méthodes*, Cécile Vigour.

Faire de la sociologie. *Les grandes enquêtes françaises depuis 1945*, Philippe Masson.

Les ficelles du métier. *Comment conduire sa recherche en sciences sociales*, Howard S. Becker.

Le goût de l'observation. *Comprendre et pratiquer l'observation participante en sciences sociales*, Jean Peneff.

Guide de l'enquête de terrain, Stéphane Beaud et Florence Weber.

Guide des méthodes de l'archéologie, Jean-Paul Demoule, François Giligny, Anne Lehoërff et Alain Schnapp.

Guide du stage en entreprise, Michel Villette.

Manuel de journalisme. *Écrire pour le journal*, Yves Agnès.

Voir, comprendre, analyser les images, Laurent Gervereau.

Manuels

R E P È R E S

Analyse macroéconomique 1.

Analyse macroéconomique 2. 17 auteurs sous la direction de Jean-Olivier Hairault.

Consommation et modes de vie en France. *Une approche économique et sociologique sur un demi-siècle*, Nicolas Herpin et Daniel Verger.

Déchiffrer la société française, Louis Maurin.

Déchiffrer l'économie, Denis Clerc.

L'explosion de la communication. *Introduction aux théories et aux pratiques de la communication*, Philippe Breton et Serge Proulx.

Une histoire de la comptabilité nationale, André Vanoli.

Histoire de la psychologie en France. XIXe-XXe siècles, J. Carroy, A. Ohayon et R. Plas.

Macroéconomie financière, Michel Aglietta.

La mondialisation de l'économie. *Genèse et problèmes*, Jacques Adda.

La théorie économique néoclassique. *Microéconomie, macroéconomie et théorie des jeux*, Emmanuelle Bénicourt et Bernard Guerrien.

Composition Facompo, Lisieux (Calvados)
Achevé d'imprimer sur les presses de l'imprimerie
Europe Media Duplication à Lassay-les-Châteaux (Mayenne)
Dépôt légal du 1er tirage : janvier 2006
Suite du 1er tirage (3) : août 2009
N° de dossier : 21883

Imprimé en France